This Book Offers Free Bonus Puzzles

Available Here:

BestActivityBooks.com/WSBONUS20

5 TIPS TO START!

1) HOW TO SOLVE

The Puzzles are in a Classic Format:

- Words are hidden without breaks (no spaces, dashes, ...)
- Orientation: Forward & Backward, Up & Down or in Diagonal (can be in both directions)
- Words can overlap or cross each other

2) LEVEL UP THE GAME!

A space is provided next to each word to write new ones, translations or notes. We also offer a convenient **NOTEBOOK** at the end of this edition. It can help you organize your annotations, new words and/or observations.

3) TAG YOUR WORDS

Have you tried using a tag system? For example, you could mark the words which have been difficult to find with a cross, the ones you loved with a star, new words with a triangle, rare words with a diamond and so on...

4) EASY TO CUT!

The Puzzles come with an Extra Large margin to easily cut the page out of the book. Some people may feel it more convenient to solve them this way.

5) FINISHED?

Go to the bonus section: **MONSTER CHALLENGE** to find a free game offered at the end of this edition!

Want **more fun** and activities to **relax? It's Fast and Simple!** An entire Game Book Collection **just one click away!**

Find your next challenge at:

BestActivityBooks.com/MyNextWordSearch

Ready, Set... Go!

Did you know there are around 7,000 different languages in the world? Words are precious.

We love languages and have been working hard to make the highest quality books for you. Our ingredients?

One part easy-to-read print, three parts entertainment, then we add some challenging words and a pinch of rare ones. We brew them with care to serve you lots of fun and an opportunity to solve the best puzzles.

Your feedback is essential. You can be an active participant in the success of this book by leaving us a review. Tell us what you liked most in this edition!

Here is a short link which will take you to your Amazon orders review page.

BestBooksActivity.com/Review50

Thanks for your fidelity and enjoy the Game!

Delta Classics Team

Puzzle 1

```
M Q C N J E F P E W V C C E P
I H I H U P S J T F F Y I S Q
L E T N A T R O P M I G T C W
L X O V I L L E S O R N A R O
I S Y C O U R B E N R E T I W
O H E D U T I B A H L L I M P
N U N C Z C D P Y P G D O E H
C T X A M S P H F H Q W N M X
P E N S E R L H J C T T U M S
P O S O O W K K U I E E R A Q
D C Q P P A U V R E T É Y G C
X Z R E W G M O R T E L Z H L
P I D R A G E R R O N J R S A
É E V O N E X C I T É T J X N
```

PAUVRETÉ   MILLION
PENSER   ESCRIME
REPOS   CITOYEN
VILLE   CITATION
GAMME   IMPORTANTE
MORTEL   EXCITÉ
HABITUDE   NOM
APPROPRIÉ   CYGNE
COURBE   REGARD
CES   PENTE

Puzzle 2

```
V Z W R N G X E C U N V D S E
N I H T E P S F A X F W L U R
O H Z H N T D O L L Z S L J R
I X Ê É Q E U R M O U B R E E
T B T O A R N M E M È H T T U
C E R R Z E S E R A I F F I R
U A E I F W U L G O B N A J X
R K I E V A X L I N O I T P O
T E É L E G L E T A A J P F Z
S O T T L J N M B T R I N E T
E V N R U E L E E I F X G D Z
D A I B C D U N M O C S T L P
M S E R I U R T S N O C A U E
T O U J O U R S C O U L E U R
```

COULEUR

GELÉE

ÊTRE

TOUJOURS

AIGLE

TENIR

OPTION

SUJET

THÈME

NATION

MANTEAU

LEUR

CAILLE

CALME

CONSTRUIRE

THÉORIE

DESTRUCTION

FORMELLEMENT

TIGRE

ERREUR

Puzzle 3

```
D X D I S T A N C E Q E C I D
M U M A R Q U E U R X M O Y R
C E P O O R U E L A H C M H A
B I B L Q S C F M A Y Y M R G
A C V P I S N I U T H O U O O
R I F F Q N B X O G B N I N
G L P S Z E U W U O F S I S X
E É F O R Ê T E C N I M Q A Z
N D X I D B Q R R U R U U N M
T K X V S U R P R I S R E S A
R A P I D E M E N T T K R N M
G É N É R A T I O N J J B A O
C A P A B L E S C È N E E K U
Q U Q I C R A P A U D Y B C R
```

SCÈNE	DISTANCE
DRAGON	RAPIDEMENT
MARQUEUR	FORÊT
AMOUR	COMMUNIQUER
SURPRIS	DUPLIQUER
ARGENT	GÉNÉRATION
CHALEUR	SANS
MINCE	DÉLICIEUX
EXAMINER	HOUE
CRAPAUD	CAPABLE

Puzzle 4

```
Z  G  Q  I  É  V  É  N  E  M  E  N  T  H  S
S  É  C  U  R  I  T  É  G  Z  Q  U  A  E  I
E  S  E  M  Ê  M  X  U  E  U  A  E  N  G  A
D  I  R  E  C  T  I  O  N  N  Q  N  F  C  C
X  J  S  F  J  C  Q  R  I  L  O  J  C  K  O
V  I  S  I  O  N  E  O  M  S  P  R  J  F  M
F  I  J  N  F  G  E  P  R  C  O  C  A  V  M
A  J  O  P  A  D  T  E  E  C  H  N  W  B  E
D  D  Q  T  I  U  P  J  H  T  E  M  P  S  N
Q  J  R  D  É  C  H  E  T  W  C  T  Y  B  C
U  A  I  L  M  D  R  H  A  M  S  T  E  R  É
P  E  N  S  E  I  G  N  É  E  A  X  N  C  W
N  R  V  A  I  R  O  P  É  R  A  T  I  O  N
D  E  M  A  N  D  É  U  E  X  I  S  T  E  R
```

COMMENCÉ	SÉCURITÉ
DEMANDÉ	VISION
HAMSTER	PARTAGER
HERMINE	ÉVÉNEMENT
ACCROCHER	AGNEAU
DÉCHET	ENSEIGNÉE
EXISTER	DIRECTION
TEMPS	OPÉRATION
EUX-MÊMES	JOLI
AIR	PERSONNES

Puzzle 5

```
R N Q P U M N D P C S B E E Y
I U K A J B R O X Z H P K Z A
V M F R I N I F É D R A Z A P
A É Q T Z L L A Y X É M T H P
G R E I C N A N I F E P R O A
E A R C R S F F M M L E U R R
I T T I I L I T S M G Y B S E
A E U P G W C O Z A Y E U X N
J U A E W V L V R M X E D V C
H R B R F H L D É T A I L A E
C H O S E S E R B M O N U P R
W M C K F R R É C E N T G E B
B A N D E S O L U T I O N U N
L H N R X K E D V Y D T V R T
```

REGARDER	RÉCENT
SOLUTION	PARTICIPER
TROIS	BANDE
CHOSES	FINANCIER
DÉFINIR	APPARENCE
RÉEL	AUTRE
DÉTAIL	NUMÉRATEUR
YEUX	HORS
NOMBRE	VAPEUR
CHAT	RIVAGE

Puzzle 6

```
G R O U P E N I A B L A I M T
Q L G S Y H D N H F E G U O R
E P N X K E R E U Q N A M Y T
L P R Y R E I A C V A S D E F
Q S S D I S G G F X N Q W N L
H U N M A U I A O H A R R N I
K E R W P E Y U F L B C L E P
V E C S O G X Q T B O H Q V P
F R S C R A C G L O T I O E E
H T C I T R O D E U R O B R R
S U G D I U P L A G E J L T K
H O Z H O O É L É P H A N T Q
G L W Y N C C L A S S E Y E N
C A L C U L A T R I C E G M Q
```

BAIN
ODEUR
CLASSE
VENDREDI
LOUTRE
METTRE
PORTION
FERMIER
BIOLOGIE
GROUPE

ÉLÉPHANT
COURAGEUSE
MOYENNE
LOT
ROUGE
CALCULATRICE
MANQUER
PLAGE
BANANE
FLIPPER

Puzzle 7

```
Q T Y D G C V S S B R R M Q K
S P A O R M P L B L R S I I X
C I P U I X T L V Y H Û E L T
V È P L A P L A I S I R L N W
V C L O P D E N T S W W N E S
I E T U P V L E A I G G A Q R
O T I R E S S E R E H C É S Q
L A M E L L I E B A Y X C D N
E N I U O B I H D I V V O Q E
T C D X T E M P É R A T U R E
H X E V I T U C É S N O C S J
P R E M I È R E S A X O C D V
P R É P A R E R P L A N C H E
T Q S I X I È M E Q H H Z R V
```

TEMPÉRATURE
TIMIDE
PREMIÈRES
PLAISIR
MILLE
PLANCHE
VIOLET
PIÈCE
CONSÉCUTIVE
APPEL

DOULOUREUX
OCÉAN
BRÛLER
ABEILLE
HIBOU
DENTS
SENS
SÉCHERESSE
PRÉPARER
SIXIÈME

Puzzle 8

```
H D Q A T E A G J E E Z É Y O
J É M E N T I R N X V E R S G
É P J Y C O G N U H G T G Y Q
G E I X A M O L M Q T L E R N
L N L H U S T G L C Q E D C T
I D E S R L I T H F C P N Q L
S E F E P O R T R A I T L T V
E N P C E R F V O L A N T C E
T T B E L E T T E Z D F Q H R
P C S A T T I T U D E R K U E
M R L N G P M R C N P A I N C
O A Q P A R L E R E M O F I O
C D U L W F G V G R I I Q N R
F R A C T U R E Q D Z X L J D
```

ATTITUDE	COMPTE
VERT	LIT
VERS	RECORD
PERSONNE	MOT
TENTE	DEGRÉ
BELETTE	ÉGLISE
PAIN	LUXE
CERF-VOLANT	DÉPENDENT
FRACTURE	PARLER
PORTRAIT	MENTIR

Puzzle 9

```
K D E É V R O C C V F Z Q M P
L É N R X P É T I T N A U Q O
N S T E Q V P F H A M S Z J R
J O E T J H F S I F A X Y C T
E R N U E R V I V R U S C X A
E D D A E R T Î A M A B S V B
L R U S E R V I L F F T M R L
L E Y P O C G D O R C Z L Z E
I Q I P V N G N O P K H H J H
E F P J E Q I U C B O H V S M
V A Y Z K B O L M I S S I O N
R E I L U C I T R A P V A T G
E V E U L E N T T A M B O U R
M S C O N S T R U C T I O N E
```

CORVÉE   MAÎTRE
ENTENDU   SURVIVRE
PORTABLE   MERVEILLE
VEULENT   COOL
RAPPORT   MISSION
MUSARAIGNE   LUNDI
TARIF   DÉSORDRE
PARTICULIER   QUANTITÉ
TAMBOUR   LIVRES
CONSTRUCTION   SAUTER

Puzzle 10

```
R O R G A N I S A T I O N L C
E O I N V I T A T I O N Z U A
R Y B G O S R Q I I Q I O M P
É W V E B I E N V E N U E I T
G T L H G R X O B J U C T È U
M S T C M P G V E T C I D R R
A I N U A C D A V I U T Q E E
O M J A F O E S E M A I Z H R
E R I G É L É M E N T A I R E
X K T C I M P R O P R E A A F
I B H E A L N C A N N E L L E
G G N C I L B R I L L A N T K
E L O Z M L S U F F I S A N T
R C A T A S T R O P H E A A V
```

GAUCHE
GÉRER
LUMIÈRE
INVITATION
ÉLÉMENTAIRE
ORGANISATION
BIENVENUE
ORTEIL
SAVON
SUFFISANT

EXIGER
CANNELLE
ROBE
CATASTROPHE
AUCUN
PRIS
CAPTURER
IMPROPRE
BRILLANT
AMICAL

Puzzle 11

```
H F P C T S C V X E F E N O S
U I Z X X T H Z H A B M E R A
M X X M N E U Q U I X Ô N G B
I Z S Z Y C T T N E I L C A L
D U Z V Y R E N U B R P I N E
I W X F D U I N E D P I P I A
T O G U I U Q W E R W D K S V
É A S L M O T E L R É Z U E O
E S C A R G O T E B P F G R U
R E T I R E R T S L A C F X L
F L O S Z B I Z C O N E G I U
S I Z N R G I E C C A F Y Z D
E L L I A T E T E S C F P D L
X Y V A S I M I L A I R E S H
```

VOULU	CLIENT
ESCARGOT	DIPLÔME
ORGANISER	CANAPÉ
HUMIDITÉ	FAUTEUIL
DIFFÉRENTE	PRIX
SABLE	TAILLE
CHUTE	AGITER
MOTEL	RETIRER
SIMILAIRES	QUI
AINSI	BLOCS

Puzzle 12

```
F E P T A A R C R P T J I C A
K R Z N O I S R E V O Y A L L
D I M A N C H E V E U C E B T
M L W T V J I R L G R C T E I
I P W S R C O B K È R N T C T
T M Y N P P A K Q I E O E B U
A O P O K D H U K S T I H O D
I C Z C I O R J M E N T C G E
N C Y M Y O Z K Y T E A R K V
E A R L I V R E U G M L U J Y
S O F I S S E R G A U U O M F
F A É T U D E S M E G G F G U
X D U J O K K G P R R É U A B
G É N É R O S I T É A R L Z U
```

VERSION	TOUR
ÉTUDES	DIMANCHE
FORMIDABLE	GÉNÉROSITÉ
ALTITUDE	GAZ
CONSTANT	PEU
FOURCHETTE	ROI
RÉGULATION	SIÈGE
ACCOMPLIR	CEINTURE
MITAINES	AGRESSIF
LIVRE	ARGUMENTER

Puzzle 13

```
A P O C E S F O R M U L E V U
U Q I L V C G I N G E M B R E
T D E N O I T C A R E T N I V
G O R Q U E R U S S U A H C É
O S U S Z N U V V M Y S G D P
B A L C B C E O F W R A J B I
E I C Z H E R T È M I R É P N
L G N M Y E D U O S K B I D G
I N I W P X R M O N T E R U L
N E N U L H Z S T P L A N R E
F M I R X T R W I R Z C H É T
O E C Â R G Q A V W O A U E T
Q N F L L U V T S T R P H T E
O T D E V I N E R E T N Z O Z
```

SAIGNEMENT
DURÉE
INCLURE
GOBELIN
GINGEMBRE
CHAUSSURE
PHRASE
ÉPINGLETTE
PÉRIMÈTRE
TROP

FORMULE
DEVINER
PLAN
INTERACTION
TOUCHER
GRÂCE
SOUDE
LUNE
SCIENCE
MONTER

Puzzle 14

```
I  N  H  A  M  N  T  T  P  F  U  D  G  S  R
L  F  H  V  O  N  N  C  A  C  O  U  R  T  A
C  L  B  K  E  E  E  S  R  U  O  C  U  F  P
C  E  S  I  D  V  C  Y  E  G  A  U  N  L  I
O  N  A  I  P  D  I  D  N  O  L  C  B  M  D
O  T  C  H  O  O  J  S  T  N  A  V  E  T  E
É  N  B  Q  Q  E  K  É  S  I  L  I  T  U  M
I  W  B  O  R  L  G  X  I  E  A  Y  J  C  O
I  F  V  U  K  P  H  J  M  A  R  C  É  E  A
R  E  T  N  E  M  G  U  A  D  O  G  L  F  I
Z  U  N  W  R  I  I  E  O  S  M  R  O  V  B
D  É  Ç  U  J  S  P  R  E  S  S  É  S  R  T
X  F  P  B  F  L  U  I  D  E  A  N  É  E  P
J  M  I  R  O  I  R  L  U  E  C  S  D  P  N
```

RAPIDE	UTILISÉ
AUGMENTER	PIANO
PRESSÉ	ÉTAIENT
MORAL	AMIS
DÉSOLÉ	NUAGE
INCIDENT	PARENT
PROGRESSIVE	MIROIR
FLUIDE	SIMPLE
COURSE	DÉÇU
COURT	NAVET

Puzzle 15

```
L  A  I  N  E  V  H  S  Y  B  X  A  K  P  D
A  H  K  J  A  V  A  J  R  E  I  A  H  O  I
C  N  A  L  B  L  I  J  M  S  S  N  N  J  V
T  N  D  T  Q  O  N  K  E  L  B  A  I  F  I
U  O  W  V  I  L  E  E  M  R  O  F  É  R  S
E  I  V  Q  I  B  R  N  Q  I  V  I  E  S  I
L  S  E  S  X  F  P  L  G  P  E  H  P  B  O
L  S  R  I  N  E  T  N  I  A  M  K  T  N  N
E  E  C  N  A  T  S  B  U  S  P  K  H  S  F
P  F  M  E  I  L  L  E  U  R  E  M  X  N  P
H  N  P  E  R  D  U  I  V  U  I  T  A  B  W
N  O  P  O  U  S  S  E  R  O  N  S  A  C  T
P  C  O  S  C  Q  V  X  W  J  F  U  C  J  X
A  A  P  C  S  E  R  V  I  E  T  T  E  C  X
```

CAMPAGNE	POUSSER
FREESIA	CONFESSION
DIVISION	BLANC
MAINTENIR	LAINE
RÉFORME	SIX
HAINE	ACTUELLE
OURS	MEILLEURE
VIES	SUBSTANCE
FIABLE	SERVIETTE
PERSIL	PERDU

Puzzle 16

```
F Q R E N N O I T C E L É S M
R M I H R X D U M O G O T X É
É O R K P A C L N M N S Ô Y D
Q J É M A L G R É B A R C M E
U Y P J Y X E M Y I G D X N C
E J W J U É A A S N N F V R I
N Q T E P H Q T B A X Y A U N
T D Y U K Y C U H I D Q C E E
H O O Q Q Y K R O S G N H T L
S P J K T F G E C O B E E A B
J X A S S U M E R N M W U R O
F O N D S T Q S V E R S E R N
A V E R T I S S E M E N T A P
P A P O I D S G O Z E W T N W
```

FRÉQUENT   FONDS
SÉLECTIONNER   MÉDECINE
NOBLE   CÔTÉ
MATURE   COMBINAISON
POUPÉE   SOL
POIDS   SOYEUX
AVERTISSEMENT   ANGE
VERSER   NARRATEUR
VACHE   PÉRIR
MALGRÉ   ASSUMER

Puzzle 17

```
I  P  B  R  O  C  O  L  I  P  Z  F  R  E  V
O  N  O  P  E  R  T  E  K  R  T  C  U  M  E
E  E  T  S  X  S  Z  K  P  I  L  T  E  R  X
N  M  E  E  T  N  A  T  Q  N  I  J  T  E  Y
L  A  R  K  R  I  N  M  U  C  E  È  U  R  H
J  X  U  X  M  N  E  E  Z  E  M  F  A  É  É
L  E  F  R  A  R  A  R  D  O  M  E  H  S  R
A  R  M  O  I  R  E  T  M  B  O  R  M  N  I
B  U  F  F  L  E  I  R  I  N  S  M  W  I  S
C  H  A  S  S  E  E  N  I  O  V  E  D  K  S
R  È  G  N  E  H  R  F  Q  B  N  C  V  U  O
Z  Q  X  Z  T  N  M  S  T  B  W  A  P  S  N
I  E  M  B  Z  S  L  S  L  F  C  N  L  É  L
C  O  J  B  D  D  H  L  C  E  L  A  C  S  Q
```

HAUTEUR	HÉRISSON
FERME	TANTE
BROCOLI	RÈGNE
INTERNATIONAL	CHASSE
SOMMEIL	EXAMEN
ARMOIRE	USÉ
BUFFLE	VER
FURET	THERMOMÈTRE
POSTIER	INSÉRER
PRINCE	PERTE

Puzzle 18

```
L T A B L E L I D O C O R C L
R A P O Ê L E P U J I J T E U
H K V P L U V I E U X J N O S
E Q U A N L S Z D U Q N A B D
F W N B G Q V B N H O E N O É
L O F B P E C Q Y I C M E U C
T E R M E C T Z S Q E F T T L
Y S R O L J E S S I I N E A
M O D È L E E C O U R E I I R
K R F Q N F W G W M I D A L E
T I U D O R P Y U T A Y M L R
O E K R E Y A P R V R U N E A
A F P F H C Y A D N P C Y Z S
G X R X X Z P R E M A R Q U E
```

PROFESSIONNEL	PARTIE
BOUTEILLE	MODÈLE
PRODUIT	DÉCLARER
PLUVIEUX	CROCODILE
PAYER	MAINTENANT
TABLE	COUR
POÊLE	SON
TERME	LAVAGE
PRAIRIE	REMARQUE
COQ	JUPE

Puzzle 19

```
X  I  D  B  R  U  Y  G  P  N  E  I  M  Q  M
L  D  É  O  C  P  V  X  H  U  L  C  E  R  F
T  E  C  U  L  C  O  S  G  T  O  S  A  W  T
C  N  O  I  N  L  F  Y  M  R  C  È  O  D  D
M  T  U  L  K  U  M  D  L  I  Y  R  R  M  É
F  I  V  L  Œ  F  F  A  K  M  I  G  I  I  F
M  T  R  O  T  O  M  B  É  E  N  O  L  E  I
H  É  I  I  N  R  E  J  G  N  T  R  L  M  I
U  A  R  R  U  E  D  O  J  T  E  P  I  F  S
X  J  U  E  Y  R  R  Q  I  S  R  I  E  E  Z
R  S  O  T  F  O  N  D  R  E  V  U  U  U  Z
C  O  U  R  O  N  N  E  X  I  I  A  C  O  P
N  G  P  O  I  G  N  É  E  R  E  T  E  J  O
P  I  R  E  M  I  T  C  I  V  W  I  R  B  R
```

BOUILLOIRE
MIEN
RECUEILLIR
COURONNE
JETER
NUTRIMENTS
PIRE
CRIER
IDENTITÉ
VICTIME

DÉCOUVRIR
FONDRE
HAUT
PROGRÈS
TOMBÉ
INTERVIEW
IGNORER
ŒUFS
POIGNÉE
DÉFI

Puzzle 20

```
D E S S I N E R T A P I V N D
L E P R P L Y O C A E C E C L
Y K S P O T I H O B X B N E H
N Z D S W E E É N N A M U E U
A S S O R T I M E N T E F F E
A M F A E E N W Q I X W M N Y
M A E R T I C U S T A T I O N
B L M L I U E A A T T A Q U E
I Q M U O Q G H L Y M C G E R
T W E A L N Y C H P X B R L U
I T C E P I U Q É J É N X I S
O L K N X J S S G U Q D P O R
N M H R E L U C I H É V E G O
T E C H N O L O G I E T Y I M
```

ASSORTIMENT
DESSINER
BANQUE
EFFET
VENU
TAXE
ÉQUIPE-
STATION
AMBITION
MAL

ANNÉE
VÉHICULE
DÉPLACER
ATTAQUE
ACHETER
EXPLOITER
MORSURE
FEMME
TECHNOLOGIE
INQUIET

Puzzle 21

```
M  I  L  I  T  A  I  R  E  S  I  H  H  V  F
H  D  D  I  A  L  G  E  L  Y  B  S  P  M  E
E  Ô  A  P  T  O  M  L  I  N  A  O  O  R  C
G  A  T  I  É  N  U  R  V  M  U  O  T  L  F
F  A  M  E  É  D  I  U  I  X  P  Î  P  É  É
L  È  V  R  E  N  U  H  C  D  A  B  E  N  K
R  É  D  U  I  R  E  F  W  R  Z  O  I  O  G
B  A  T  T  R  E  U  H  A  A  U  N  N  R  M
D  É  C  I  D  E  R  P  U  Z  R  J  T  M  Y
C  H  È  V  R  E  P  Q  K  É  O  O  U  E  E
L  E  B  V  X  A  Q  I  W  L  R  U  R  S  T
B  R  U  I  S  S  E  M  E  N  T  R  E  V  P
A  P  P  L  I  Q  U  E  R  A  H  L  S  B  T
C  O  N  S  I  D  É  R  E  R  C  I  D  P  W
```

CIVILE	BRUISSEMENT
LÈVRE	BONJOUR
CHÈVRE	CONSIDÉRER
APPLIQUER	DÉCIDER
IDÉE	ISOLÉ
MILITAIRES	RÉDUIRE
APPARAÎTRE	ÉTAT
LÉZARD	ÉNORME
PEINTURES	HÔTE
HURLER	BATTRE

Puzzle 22

```
T  N  E  L  R  A  P  H  P  H  C  F  B  G  I
E  R  I  P  M  A  V  O  I  I  K  L  É  T  É
M  P  A  W  Y  Q  H  R  N  P  Y  C  B  L  R
Y  K  U  N  N  U  E  L  C  E  T  Y  É  N  É
B  L  O  C  S  Z  C  O  E  R  È  S  I  M  S
E  L  Z  S  K  P  U  G  A  È  J  Y  Y  M  U
F  V  T  M  A  M  O  E  U  M  Z  A  R  S  L
T  I  P  B  K  T  P  R  N  I  T  H  O  I  T
T  H  L  L  I  U  J  G  T  A  N  A  X  L  A
T  R  A  N  S  P  A  R  E  N  T  O  S  R  T
D  I  G  É  R  E  R  V  A  L  E  U  R  S  J
D  D  D  I  F  F  É  R  E  N  C  E  J  Z  E
Y  C  A  P  A  C  I  T  É  Y  U  M  C  B  F
C  O  M  P  O  R  T  E  N  T  Y  Y  T  R  L
```

MÈRE	POUCE
BÉBÉ	FIL
MISÈRE	VALEUR
DIFFÉRENCE	PINCEAU
BLOC	TRANSPARENT
DIGÉRER	PARLENT
COMPORTENT	TRANSPORT
ÉTÉ	VAMPIRE
TASSE	CAPACITÉ
HORLOGE	RÉSULTAT

Puzzle 23

```
H R M A Q M E U Q U K A S C R
U P G D B S M J G W V L H K H
M Z O X N C G N G E K A Z Q L
I F Q E R P O R P I T B F G P
D V F L P F T G I O D N S R A
E É G E S T I O N N A I R E R
D V C V E M E B V N J A É S C
N M S J N R X T N H P S C T O
Q S V W T C O U R I R S L A N
A F R N O P Z Z R T A E A D F
F K E U Q I F I C É P S T E L
K C K K Z X T R É S O R É X I
P I L O T E H U M B L E V X T
W C V I M A G N I F I Q U E V
```

MAGNIFIQUE	CHATON
GESTIONNAIRE	TRÉSOR
DOIGT	SPÉCIFIQUE
ÉCLATÉ	PROPRE
ESSAI	PAR
HUMIDE	QUE
CENTRE	RIZ
HUMBLE	STADE
COURIR	CONFLIT
DÉFENSE	PILOTE

Puzzle 24

```
C D L A V E C T R S K H S U M
D H Q Q O P H R I R F F O R O
S F A B M P E A R M T S E E N
K U X N Q O M M V U G U L N T
K J V N C L I W U M Q S L I R
L O U R D E N A O I J S I G É
P R I V É V É Y D X W E U A O
I C X W U N E N O A E C G M T
P D T T J E I W H M G O I I S
J U R I D I Q U E N W R A B M
C O N C O M B R E S I P X G X
E S T I M A T I O N O N E P L
W W X W A J U S T E R H F U O
S S X Q W D O U B L E T C E G
```

CHEMINÉE   OFFRIR
CHOSE   PRIVÉ
CONCOMBRE   CHANCE
LOURD   OUVRIR
AJUSTER   DOUBLE
IMAGINER   -INDIQUER
TRAMWAY   ENVELOPPE
AIGUILLE   ESTIMATION
JURIDIQUE   MONTRÉ
MAXIMUM   PROCESSUS

Puzzle 25

```
P  R  É  S  E  N  T  S  N  I  A  T  R  E  C
K  Q  S  G  C  K  W  B  E  D  R  Y  U  C  T
Q  S  P  M  E  T  N  I  R  P  Z  Q  N  N  E
F  U  R  É  A  L  I  T  É  Û  I  K  O  E  Q
H  R  A  M  T  N  W  C  H  S  L  T  H  U  M
G  E  R  T  Â  É  H  T  U  J  V  É  C  Q  O
X  F  Z  R  R  Q  W  M  S  C  C  S  O  É  F
R  E  X  E  R  E  R  C  A  S  N  O  C  S  F
M  T  T  E  Y  I  V  B  E  R  C  E  A  U  I
J  R  O  W  E  L  B  I  R  R  E  T  N  Q  C
C  U  L  T  U  R  E  L  N  E  I  C  N  A  I
C  O  L  O  R  É  U  F  W  G  T  Q  Z  I  E
Y  C  P  U  I  E  M  È  I  R  T  A  U  Q  L
I  D  E  N  T  I  F  I  E  R  U  T  T  H  N
```

QUATRIÈME	CERTAINS
RÉALITÉ	PRÉSENT
THÉÂTRE	TERRIBLE
COLORÉ	MUSIQUE
QUATRE-VINGT	ANCIEN
COCHON	CULTUREL
CONSACRER	BRÛLÉ
IDENTIFIER	SÉQUENCE
OFFICIEL	PRINTEMPS
COURTE	BERCEAU

Puzzle 26

```
P P A R T E N A I R E A G A D
C R E I L B U O P O C D R T E
O E E L B I A F O S O M T O H
N I R S U X O N I A N E N M É
V L I D S M D D S V C T E I S
E B O A E I A B S I L T M Q I
N A T R H H O T O D U R E U T
A T A W A Z O N N E S E T E E
B I É L X J R R D V I A I X R
L A L D R B O T S V O Y U T E
E T A Z I F S U W T N K T C M
E É O Y Y V E S N W Q Z A N F
D É C H I R U R E G S R R I A
W T A W P E R C E N E I G E L
```

ATOMIQUE	DEHORS
AVIDE	ROSE
TABLIER	GRATUITEMENT
VIDÉ	CONCLUSION
PERCE-NEIGE	ÉTAIT
HÉSITER	FAIBLE
PARTENAIRE	OUBLIER
PRESSION	ADMETTRE
ALÉATOIRE	CONVENABLE
POISSON	DÉCHIRURE

Puzzle 27

```
I  M  M  É  D  I  A  T  E  M  E  N  T  A  E
R  E  M  G  N  M  O  U  L  I  N  K  Q  L  D
E  Q  L  E  C  O  Û  T  R  M  U  R  U  N  Î
M  D  Q  L  D  X  N  J  E  X  L  O  G  Y  N
P  R  C  L  H  B  R  G  B  M  P  R  B  P  E
L  W  D  E  N  V  E  T  I  U  F  U  F  L  R
I  P  R  U  N  E  G  C  O  M  P  A  R  E  R
R  T  A  T  Y  N  A  J  O  L  A  N  Z  G  C
U  V  D  I  Z  I  R  E  P  E  D  G  U  A  A
Y  U  N  B  C  A  D  T  P  H  I  Q  B  T  D
X  Y  A  A  W  T  É  A  L  C  F  L  Y  N  E
Y  O  T  H  W  N  V  B  A  U  I  W  Y  A  A
L  P  S  F  M  O  L  L  S  O  Y  X  H  V  U
H  L  X  G  W  F  D  E  U  B  T  X  E  A  X
```

DÎNER
FUITE
REMPLIR
STANDARD
REGARDÉ
HABITUELLE
BOUCHE
POULE
JETABLE
MUR

CADEAUX
COMPARER
COÛT
IMMÉDIATEMENT
AVANTAGE
PRUNE
MIGNON
FONTAINE
OEIL
MOULIN

Puzzle 28

```
U D Q O R A N G E R I V Y C D
N É V U S K A Z E E M R U G É
J M É W O G C R P T B C P V N
E O R N U T A Y U I É N I S O
M N I G E P I Y O A C A E Q M
É T F J É P F E C R I U B T I
L R I R A Z M A N T L M R U N
A E É C T I G X U T E T P S A
N R G A O P A R E S S E U X T
G J I W P D É L I C A T A W E
E L U G P A R A P L U I E N U
C A T É G O R I E L L A S M R
Z I H F A U T R E S A I D F D
E N R O U L É C E R T A I N Q
```

MÉLANGE
DÉMONTRER
CERTAIN
DÉLICAT
SALLE
COUPE
PARAPLUIE
IMBÉCILE
QUOTIENT
TRAITER

RÉPARER
ENROULÉ
CATÉGORIE
PARESSEUX
TOP
VÉRIFIÉ
DÉNOMINATEUR
SEUL
ORANGE
AUTRES

Puzzle 29

```
V O C A B U L A I R E K M N L
N I I A S S P M E T E S S A P
P E U T Ê T R E M M O C T F S
É P O U V A N T A I L N H R K
P A S T È Q U E D E E O O A K
C É I D P G M J R D G I C I W
T I R J X G K U I C B S K S K
D R U D R O T C Z X S E E D Q
O A O E V I C U L D X A Y V X
U M S U R O U K S C E U N W F
Z I Y R P G R A D E D X J Q Q
E W U M R E S R E V N I G D K
H O R U E T A R É G I R F É R
N T E N D R E U X W A D K G R
```

INDEX
NOURRITURE
COMME
TENDRE
-PEUTÊTRE
HOCKEY
DOUZE
PASTÈQUE
OCCIDENTAL
SOURIS

FRAIS
INVERSER
ÉPOUVANTAIL
TROUPEAU
GRADE
OISEAUX
MARIÉ
VOCABULAIRE
PASSE-TEMPS
RÉFRIGÉRATEUR

Puzzle 30

```
K E R E N N O I S S E R P M I
S C C P Q T G N U C A E O P O
G E Y P G W J T N A Y A J O W
O C R E V I H E C N E D I V É
Û L D V E F R E M M O N Q L O
T A O E I É I S O I R D E U X
S I Q Q F C R I D E A U X S E
E R U N Y O E E H O M M E S O
G U O M R Z L C O N F I N E R
T C W F N G C C O M P R I S E
S H A N È B R V H Y Y K Z I S
Z Q R R N Y E W J D R S H C O
G R A S C F C D K I L Y J W W
I N T E L L I G E N T I D O X
```

HIVER
INTELLIGENT
CONFINER
COMPRIS
IMPRESSIONNER
AYANT
ÉVIDENCE
RÈGLE
EST
RIDEAUX

GRAS
GOÛT
CLAIR
SERVICE
NOMMER
HOMMES
CERCLE
SOIR
CONFÉRENCE
DEUX

Puzzle 31

```
S  E  L  L  E  I  T  N  E  S  S  E  L  V  D
N  I  C  I  S  E  A  U  X  Q  C  G  A  É  É
O  A  T  G  R  H  E  R  J  L  O  N  P  R  T
B  M  I  E  S  A  H  P  E  X  X  O  I  I  E
N  Q  D  T  E  D  C  N  I  F  C  P  A  F  C
O  N  F  Ê  C  I  E  D  E  L  L  É  R  I  T
B  G  F  U  T  L  B  S  Y  A  R  É  R  E  E
L  A  O  Q  I  O  S  D  C  V  K  S  T  R  R
U  N  F  N  O  J  Q  C  U  E  P  S  P  E  I
C  X  Y  E  N  O  G  A  W  H  N  L  T  X  R
D  E  U  X  I  È  M  E  C  C  A  D  A  Y  X
K  I  N  D  É  P  E  N  D  A  N  T  E  P  X
P  R  O  B  L  È  M  E  C  I  N  Q  F  N  L
I  C  O  V  E  S  H  T  R  C  T  N  P  L  T
```

ÉPONGE
SECTION
PHASE
DÉTECTER
DESCENDENT
ENQUÊTE
ESSENTIELLES
DEUXIÈME
VÉRIFIER
DIT

WAGON
REFLÉTER
CISEAUX
CINQ
MAI
CHEVAL
PROBLÈME
INDÉPENDANT
SITE
BONBONS

Puzzle 32

```
C O U L É E A C S A U K M A I
R P S K I A Y O O P Q L E W L
B A H Q C É J Q U P Y V O S M
P A P A T P E S D E L A S Q J
F U E I M O M M A L P H R N T
D L A X U O C I I É B E N E U
E R B Y G I D N N J M D O I T
T W T E A R D O E A V D I C I
R I D J A K V R M B A Y T I T
A R Q P T U A I E E A L A N S
C N O I M A C T N O G L U A B
E É F R U I T É T P A L T C U
L C O U V E R T U R E K I É S
O R T H O G R A P H E P S M M
```

MOMIE	MÉCANICIEN
DOIT	SITUATION
COULÉ	MER
LÉOPARD	MINORITÉ
PAPA	SALE
APPELÉ	SEPT
COUVERTURE	ORTHOGRAPHE
CAMION	CARTE
TRAITÉ	FRUIT
SUBSTITUT	SOUDAINEMENT

Puzzle 33

```
Q M R I N A T T E N D R E B A U
U Y I I Z A P O N O R R Z L L
W C P K H C K R O A T E M É I
T A H B O N N E M C M N C F M
L A H E B F Z N É Y M I I A E
K C A R R L B I N C E B A C N
C C M B Q C F M A L R O Y N T
X E B M T J H R H I L B Z Y A
T P U A O V G E D S E M X T T
O T R H P D Q T R M S E U L I
V E G C W K P É D E M R A U O
Q N E Y N Z N D X J T M Y R N
Y T R M O N T A G N E V K V T
F G S O M B R E C N E L I S U
```

AIMANT
BONNE
SOMBRE
MERLES
CYCLISME
CAFÉ
BLÉ
SILENCE
HAMBURGER
LAPIN

CHERCHER
REMBOBINER
MONTAGNE
ARME
DÉTERMINER
ACCEPTENT
ALIMENTATION
ATTENDRE
CHAMBRE
ANÉMONE

Puzzle 34

```
F C O M P L I Q U É V B K S R
A D T E U Q O R R E P D T G E
V Q W E L A K R E G É T O R P
O V Q T S Q I T P R H W F K R
R S E N D Y N N A E T M N P É
A U A E P A H C O T F N S G S
B O B G V P O U S S É O O L E
L H B I T T E I W E D L B M N
E G V L R E T L D R I L O B T
L A S L O M S P A R C I U R E
A G X E U R E P J J Q P I O N
R N R T V S D N È Z E A G S T
U É F N E E O I V C M P E S D
M J D I R P M W H G E D X E N
```

RESTER
FAVORABLE
COMPLIQUÉ
GAGNÉ
POUSSÉ
BROSSE
PERROQUET
REPRÉSENTENT
PARC
CHAPEAU

PAPILLON
MURALE
OUI
INTELLIGENTE
MODESTE
TROUVER
ESPÈCE
PROTÉGER
VIVANTE
MONTRER

Puzzle 35

```
C O M P L É M E N T A I R E N
M U J L C H E V A L I E R O I
A A E E C A R T A B L E I Z A
C E T N E G I L G É N T L G R
A N E N V O L U M E A N H O T
R Î C O Y B G Y Q I K W P Y L
E A N I Q F L G V E B R E H D
U R E T U O C É T T E E T W R
X T S I E E R T V N I I P Y G
A F S D G B A J U E B L P K W
Y O E A A Q P E B R H P Q J Z
Q U C R V X J É C H O U E R D
A G R T N É T I V I T C A Q Q
K F F X D J S D P A G E W P P
```

ÉCOUTER
COMPLÉMENTAIRE
TRADITIONNEL
VOLUME
HERBE
NÉGLIGENTE
ABRÉVIATION
DÉJEUNER
PAGE
MACAREUX

ACTIVITÉ
ESSENCE
CAGE
TRAÎNEAU
CARTABLE
FOU
ÉCHOUER
CHEVALIER
PLIER
TRAIN

Puzzle 36

```
R R U Y O Y U Q E W S I A A V
C B M B O U E U X L E A D E R
É R R A C W I G N Z D A L B S
P E A Q N I O C B I A L U B H
A C N Y Q Q N X E I M R U O F
R N O Q O X U Y A S E R È I F
M E I S B N O E U R E N A R D
I M G D A Y S C O M P L È T E
D M É Y S I D I M S È R P A D
U O R U O G N A K O W A I R S
O C Z R F T F Y Q I Y V C O B
V D K Y D E L B I T S E M O C
E M M Ê L É S E P E Z V N Z N
Y U X E P U T Q Y Z X Y R E M
```

BEAU	COIN
PARMI	COMPLÈTE
COMESTIBLE	CRAYONS
EMMÊLÉS	APRÈS-MIDI
COMMENCER	KANGOUROU
MOYEN	FOURMI
MANQUE	CARRÉ
BOUEUX	DAME
FIÈRE	LEADER
RÉGION	RENARD

Puzzle 37

```
F  R  O  Q  U  E  T  T  E  K  V  U  J  H  P
R  O  D  N  O  C  R  E  P  O  R  T  E  R  O
Y  T  N  Z  I  H  I  N  S  P  I  R  E  R  I
T  Ê  I  C  E  D  I  V  T  F  E  N  L  Z  S
H  T  I  R  T  I  A  L  T  A  H  A  C  E  E
M  E  T  E  Ô  I  B  W  A  Q  I  G  G  B  X
E  I  H  M  T  P  O  P  I  C  U  A  O  O  E
T  H  F  V  U  F  X  N  R  Z  V  R  Z  U  M
Y  I  M  D  L  C  Z  E  N  O  C  U  A  F  P
G  M  X  X  P  J  M  W  F  A  O  O  U  D  L
D  G  R  V  R  M  T  L  L  Q  L  L  A  N  E
E  C  E  P  O  C  S  E  L  É  T  I  F  F  J
C  B  C  C  N  O  M  B  R  E  U  X  T  I  U
E  X  C  E  P  T  I  O  N  N  E  L  Y  É  E
```

REPORTER	PLUTÔT
TITRE	COMMERCIAL
RYTHME	LAIT
EXCEPTIONNEL	POIS
TÊTE	NEZ
VIDE	NOMBREUX
ROQUETTE	INSPIRER
FAUCON	CONDOR
TÉLESCOPE	EXEMPLE
OURAGAN	FONCTIONNALITÉ

Puzzle 38

```
C C A F Y N B B A L A D E D S
O R O B G E O E Z P H N A E O
N G R N F E I G U O B O V V U
C E E T V T R A V A G I P I T
E N J T M A E P X Q T T O E I
N T E K Z K I Z V A V U L N E
T I T Z B S S N M M G T I T N
R L E N T N N I C S H I C R U
E F R O P H N M I R M T I P P
R G L O B E K J C Z E S E N M
S E N I S U O V I I C N R S Q
T D R A M A T I Q U E I G J I
F O N D A M E N T A L E A N O
O Y G G S O U P E R E V U A S
```

DRAMATIQUE
BOIRE
PISTOLET
SOUTIEN
GLOBE
FONDAMENTALE
VOUS
VITAMINES
BOUGIE
REJETER

INSTITUTION
ICI
CONCENTRER
GENTIL
SOUPER
CONVAINCRE
BALADE
POLICIER
SAUVER
DEVIENT

Puzzle 39

```
P  I  R  K  Y  S  E  R  È  T  S  Y  M  G  M
K  Q  H  M  X  J  J  T  R  N  E  I  S  R  U
S  P  G  H  O  G  E  N  I  E  Q  G  A  A  L
C  O  N  V  E  R  S  A  T  I  O  N  B  N  T
B  D  A  O  J  D  S  Y  R  T  F  O  S  G  I
C  A  H  W  I  W  E  A  E  A  A  N  O  E  P
O  U  L  O  D  T  G  R  V  P  M  G  L  B  L
N  W  V  L  T  V  A  T  I  U  I  A  U  H  I
S  Y  H  E  O  J  S  T  D  S  L  P  T  P  E
E  Y  C  U  A  N  Y  A  I  X  L  M  E  Y  R
R  R  É  S  U  M  E  R  N  U  E  O  R  K  B
V  P  Z  W  G  U  O  Y  O  D  Q  C  R  B  N
E  L  L  E  R  E  T  U  A  S  W  É  E  S  J
R  V  M  N  A  P  P  A  R  T  E  N  I  R  X
```

ATTRAYANT	SAGESSE
MULTIPLIER	ABSOLU
PATIENT	FAMILLE
BALLON	SAUTERELLE
MYSTÈRES	RÉSUMER
TERRE	GRANGE
COMPAGNON	SIEN
CET	CONSERVER
APPARTENIR	ÉQUITATION
DIVERTIR	CONVERSATION

Puzzle 40

```
O U F Q X N I L V W V J W D P
T B I V D C C L V U E E U C R
Y J S I M R E P L I N M E N I
P G X E R B M O O U T È M L S
E X Z T R G Y G V G S I U P E
D É S I R V R O L U J T J X E
F T U A A A A A Z L W P R U H
O R D F B J Q T V D H E W E C
O O T S S O Z M I I L S B V R
T P D I Q U Q X J O T K M E E
B W E T B T A W O R N É B H H
A T C A X E R D N I E P L C C
L K H S J R J S R C W X J D E
L A O B L I G E A M M E N T R
```

VENT	OBLIGEAMMENT
FOOTBALL	PORTÉ
OMBRE	AJOUTER
PERMIS	RECHERCHE
EXACT	TYPE
PEINDRE	PUIS
SATISFAIT	PRISE
GRAVITÉ	ILLUSTRER
SEPTIÈME	DÉSIR
CHEVEUX	OBSERVATION

Puzzle 41

```
Y  R  D  É  C  I  S  I  O  N  R  J  U  D  D
R  É  P  O  N  D  R  E  I  A  H  W  N  É  U
T  É  Z  C  V  L  O  T  C  R  E  L  I  M  A
G  T  P  É  L  E  C  T  I  O  N  Z  V  O  C
F  R  O  N  Z  U  C  W  O  N  S  G  E  C  T
L  E  A  M  C  N  M  A  V  I  E  M  R  R  U
E  B  D  N  Y  A  R  H  F  H  J  W  S  A  E
X  I  É  O  D  M  E  Z  O  C  U  E  I  T  L
I  L  C  I  Z  P  P  O  R  T  E  F  T  I  L
B  N  E  N  Z  Z  È  R  F  A  R  R  A  Q  E
L  R  N  I  W  X  S  R  W  M  S  A  I  U  M
E  C  N  P  U  Z  S  K  E  E  Z  I  R  E  E
C  R  I  O  U  A  H  G  A  K  O  S  E  E  N
X  X  E  S  C  B  E  K  N  L  X  E  P  V  T
```

OPINION	GRAND-PÈRE
MILE	DÉMOCRATIQUE
UNIVERSITAIRE	HAIE
ÉLECTION	FRAISE
DÉCENNIE	ACTUELLEMENT
RÉPONDRE	VIE
MANUEL	DÉCISION
LIBERTÉ	FACE
PORTE	MATCH
CAS	FLEXIBLE

Puzzle 42

```
E Q C O I G N O N C Q H P A F
D G A I Q L E P J U A E T Â G
N N B N Y K U V I W C N C N E
G V I O I U P L R S E Ô A E B
C S N Y O M I Z Z U T I U R B
E É E C B U S Z B É S V T V D
C G L C F H C J S R I H T È F
O B V E Z I I R C I R Z W I Z
L N X C R H N V U N T O Z L M
È K U I A I E E R E V I R R A
R U B L T F E Z T V A C T E V
E R I O E S S A B A R L G J I
T Y T P M E T I U D N O C Q Z
I N T É R E S S A N T I R C E
```

COLÈRE
ARRIVER
PISCINE
TRUCS
INTÉRESSANT
ASSEOIR
POLICE
CÉLERI
CABINE
CANARD

BRUIT
GÂTEAU
ACTE
LOI
CONDUITE
OIGNON
AVENIR
CÔTÉS
TRISTE
LIÈVRE

Puzzle 43

```
T  E  R  R  O  R  I  S  T  E  E  D  O  A  C
O  P  P  O  R  T  U  N  I  T  É  L  B  X  C
M  O  D  I  F  I  E  R  M  T  D  P  É  H  T
B  R  F  F  D  J  M  E  U  L  R  F  I  W  P
G  O  R  E  S  I  L  A  C  O  L  U  R  N  N
V  C  R  U  E  T  C  A  B  C  A  E  E  W  L
C  I  N  D  A  M  B  A  A  K  C  N  H  U  T
Y  E  M  J  U  H  B  P  A  N  I  E  R  S  L
A  X  C  N  F  L  C  O  O  P  É  R  E  R  U
D  X  P  N  E  É  G  N  O  L  P  H  I  U  C
Q  H  A  M  M  E  R  C  R  E  D  I  I  S  E
P  R  E  S  Q  U  E  A  T  T  R  A  P  E  R
Q  N  C  L  A  R  I  F  I  E  N  T  I  M  U
T  N  E  I  V  R  E  S  T  A  U  R  A  N  T
```

LOCALISER	MERCREDI
VIENT	NEUF
OBÉIR	TERRORISTE
BORD	LUEUR
COOPÉRER	THÉ
PRESQUE	PLONGÉE
OPPORTUNITÉ	ACTEUR
PROBABLEMENT	CLARIFIENT
ATTRAPER	MODIFIER
PANIER	RESTAURANT

Puzzle 44

```
D  S  S  N  E  L  A  G  É  F  O  Y  B  R  L
G  E  O  I  G  L  I  S  S  E  R  R  R  É  E
M  T  O  R  D  G  O  E  E  T  T  M  L  C  Z
I  U  E  J  C  A  V  X  K  Y  X  S  L  U  C
Q  N  E  Z  C  I  R  E  R  T  N  E  A  P  O
D  I  U  B  L  W  È  A  Y  J  I  T  C  É  L
E  M  Q  C  R  I  O  R  I  T  A  R  L  R  O
G  R  A  I  S  S  E  E  E  E  V  E  O  A  N
A  P  H  B  X  Y  N  Y  M  R  I  V  C  T  S
M  C  C  I  R  P  V  U  J  W  R  U  H  I  S
M  D  I  X  A  R  N  N  J  Z  C  O  E  O  F
O  O  N  D  N  B  C  N  I  W  É  C  L  N  M
G  P  F  Z  B  U  R  E  A  U  U  É  U  A  L
K  P  O  R  T  E  R  K  B  J  I  D  I  N  F
```

CLOCHE
COLONS
RADIS
MINUTES
ENNUYER
ÉCRIVAIN
PORTER
DIX
TIROIR
CHAQUE

RÉCUPÉRATION
BUREAU
OIE
ENTRER
ÉGALE
GRAISSE
GOMMAGE
GLISSER
DÉCOUVERTE
SORCIÈRE

Puzzle 45

```
S É E Y R A R I N E V X Z J D
H L R X L A Y C S A I C W W I
O A O T P E P Y Q É T I N U S
M N C S D E L P N G E I A B P
M E N A V A R O E C R I M E A
E I E C N T V T Y L O T D V R
É S S A C I R A Q T E W X I A
W K W E F X X L Y Y F R R S I
G J Y S J Z A O P A U S E S S
S C M O W P P C Z O G Y Y E S
E L L E H C É O O F D L A L E
T V O G C J A H U X Q J S E N
N P U P Q A T C J Q X Q S K T
I Z P C I R C U L A I R E U G
```

BAIE
CIRCULAIRE
ÉCHELLE
RAPPELER
PAUSE
VITE
UNITÉ
EXPERT
VENIR
ESSAYER

CRIME
ÉLAN
ENCORE
ANALYSE
DISPARAISSENT
HOMME
LOUP
LESSIVE
CASSÉ
CHOCOLAT

Puzzle 46

```
F L O T T E U R M O I Z U I E
I D D I I N K Z I K N T S E T
T É L Z O A A R A E V O O P E
A P E Q R Q A D L L I U L U X
É E K N T N X K N I S S L O E
R N F Y É L G É R O I I Z S R
C S Z C E R C S T T B H Q E C
É E S S E T I V M É L A E A I
R R Z H S T M V R S E Q I I C
Q P P T K J N A S I A F Z B E
J D F D J F T O B S E R V E R
I H S F T I F A C I L I T É J
J R M Q O E L L I P T I Q U E
M D R N O R I G N A L T L P M
```

FAISAN
INVISIBLE
RÉCRÉATIF
DÉPENSER
TEST
OBSERVER
ÉTOILE
TOUS
VITESSE
FACILITÉ

EXERCICE
SCÉNARIO
LIBÉRATION
ELLIPTIQUE
FLOTTEUR
ABONDANT
SOUPE
ÉTROIT
RÉGLÉ
ORIGNAL

Puzzle 47

```
N F T H R S R E N C O N T R É
D I O É A S E R A I T U O T Q
Y S W N T Ê R P R V T L B U S
L B A N D F E M M A R G O R P
W N V O E M B R I R F F U O S
A L V D È I R A D E Q H Y D N
T S E I J N O L D N O O X G B
Y N X E B U S E O N E P I V R
Q I R L B A B R E O L F H C O
D S J C A G A T X I U M É N Y
R I M È F E A E R T L U S D A
R A D I O U D C P N I B Y F L
D R N S U X B G U E P H O D Z
S O I G N E U S E M E N T S Y
```

ALERTE
RADIO
ABSORBER
MENTIONNER
SIÈCLE
SOUFFRIR
SERAIT
NUAGEUX
RENCONTRÉ
ANANAS

DONNÉ
DIXIÈME
PROGRAMME
TOUT
PILULE
PRÊT
ROYAL
RAISINS
SOIGNEUSEMENT
DÉFENDRE

Puzzle 48

```
C P I D E N T I Q U E C É N O
A K O C V E L C H Z B H V A L
S D E I P O Y L Q B E O I N K
S H M O N M N H H J D U D J O
E Q I H T T W Q W P I F E M Q
R J V P N F U T U Q V L N F C
E V U H E B M A J O E E T D N
R E A P M R G B V P R U E O G
T N E M E T I A R T S R I I R
O X S E R T Y O K L R L D R Ê
V H I P D A P N P E P R G V L
R X O B N E N B A S I G N E E
S U È D E S È H T Ê R É T N I
M E R Q T F R O N T I È R E O
```

TENDREMENT	PIEDS
VOTRE	POINTU
TRAITEMENT	OISEAU
CASSER	IDENTIQUE
SUÈDE	LION
CHOU-FLEUR	GRÊLE
POIRE	INTÉRÊT
THÈSE	FRONTIÈRE
ÉVIDENTE	SIGNE
JAMBE	DIVERS

Puzzle 49

```
I  M  G  U  O  B  I  R  A  C  T  L  S  B  Y
R  I  P  L  Y  B  E  L  A  É  I  M  V  G  J
R  N  C  A  I  S  X  Z  L  I  P  R  J  N  X  M
É  U  A  D  N  S  M  K  I  É  E  N  O  G  Y
G  S  O  É  U  A  S  U  D  E  R  A  I  Y  S
U  C  U  R  R  C  I  E  D  I  P  U  T  S  T
L  U  T  A  C  O  H  S  M  V  N  N  A  E  È
I  L  C  N  H  R  O  G  A  E  Z  F  C  C  R
È  E  H  G  J  R  I  T  U  R  N  L  I  L  E
R  T  O  E  I  E  G  C  S  I  A  T  R  É  Y
E  O  U  R  X  C  Q  H  L  A  M  E  B  L  R
X  V  C  X  X  T  Z  Y  X  N  P  Y  A  L  H
P  R  É  C  I  S  I  O  N  U  B  C  F  A  I
T  R  O  M  P  E  R  T  H  L  J  R  A  Z  T
```

MYSTÈRE	CORRECT
TIRER	STUPIDE
CAOUTCHOUC	FABRICATION
MINUSCULE	ÉPÉE
PRÉCISION	ALLÉ
VOTE	CALMAR
IRRÉGULIÈRE	LUNAIRE
TROMPER	PANAIS
CLÉ	DÉRANGER
CARIBOU	GLISSEMENT

Puzzle 50

```
M  S  N  S  I  M  P  L  I  F  I  E  R  I  X
B  E  O  D  I  H  T  A  P  D  F  D  E  N  K
M  S  I  T  M  Q  X  N  F  I  D  A  P  F  Y
V  U  T  L  G  Q  G  G  Q  F  E  L  P  O  T
I  C  S  A  L  É  A  I  V  V  X  A  A  R  Q
O  X  E  N  A  E  O  S  C  O  D  M  H  M  M
L  E  G  X  T  M  U  G  C  E  L  I  C  A  F
E  T  S  I  T  O  A  R  R  L  F  I  É  T  Q
N  U  R  E  E  T  U  E  P  A  N  S  Z  I  B
C  A  F  U  N  E  E  O  R  P  P  J  W  O  S
E  F  Q  X  D  U  À  J  É  D  I  H  G  N  W
Y  P  G  Y  U  R  T  G  O  O  H  Y  I  P  A
P  O  U  S  S  I  È  R  E  R  N  E  F  E  W
E  X  T  É  R  I  E  U  R  Y  P  Q  Z  O  C
```

INFORMATION
ATTENDU
MALADE
ANXIEUX
EXTÉRIEUR
VIOLENCE
MEILLEUR
FAUTE
EXCUSES
MOTEUR

PEUT
FACILE
PROJET
SIGNAL
POUSSIÈRE
GESTION
GÉOGRAPHIE
DÉJÀ
SIMPLIFIER
ÉCHAPPER

Puzzle 51

```
L Y P D E M I W K W T R L K C
X U E I C É R P N Y F R W N F
O S I A L G N A R M Y I O T R
R B N O S I A S U K G P L N H
I D T N E R T N O C N E R M C
D U U O Z E C R U O S J U P I
E M R E Q T N A D N E P E C L
S R E I S I M E H C F R S V B
T F G V H C M A T K K X I I U
T E C H N I Q U E J N K U N P
H U W M R L A R É N É G G G O
P U O O R É H U M A I N I T V
C D J J I F P J Z S T M A W T
I K N F X F L B T I S S U P C
```

TISSU
AIGUISEUR
PRÉCIEUX
TRONC
TECHNIQUE
CEPENDANT
VINGT
ANGLAIS
RENCONTRENT
SAISON

GÉNÉRAL
CHEMISIER
PUBLIC
HUMAIN
PEINTURE
SOURCE
RIDES
FÉLICITER
FILM
DEMI

Puzzle 52

```
U  I  E  O  K  M  I  M  X  M  Z  M  L  F  F
L  N  N  L  U  S  É  L  L  I  E  V  É  R  U
E  T  I  G  A  G  N  E  R  N  S  R  R  E  M
N  A  S  V  V  I  E  W  T  E  S  B  N  C  É
F  V  S  D  E  S  I  A  V  U  A  M  I  M  E
A  I  U  Y  C  R  L  C  L  R  E  X  H  P  D
N  O  O  U  M  F  S  O  B  E  U  R  R  E  T
T  N  P  S  U  F  N  I  S  L  Q  F  I  H  W
S  K  G  G  T  G  P  E  T  S  I  T  N  E  D
Z  N  K  E  A  E  W  V  B  É  T  N  E  F  Y
R  I  O  P  S  E  O  G  K  A  S  A  T  D  V
H  A  M  F  O  X  Y  B  C  M  A  H  U  L  V
F  A  R  É  A  C  T  I  O  N  L  C  O  G  Y
C  F  R  I  M  Y  T  E  Y  P  P  Q  S  K  S
```

MAUVAIS
AVION
DENTISTE
ESPOIR
ENFANTS
GAGNER
FUMÉE
RÉVEILLÉ
POUSSIN
RÉACTION

SOUTENIR
CERF
CAMPAGNOL
BEURRE
CHANT
MINEUR
PLASTIQUE
UNIVERSITÉ
ASSEZ
MENTAL

Puzzle 53

```
C N Y N I N F É R I E U R E G
O A O O S U R F A C E O D I R
N N O I T A U L A V É P W Q O
C K L T T L F I S E R B R A G
E É T I V A C P R O D L G N N
V Y V S T C C D F G L V E E E
O W Z O C O S I U Q E R G I M
I F R P C L T D L W E È R M E
R X G X P E L L A B L X U O N
E X T E R N E K Q I U D B N T
M A T I È R E A V G R P A O L
E E P M D V F I H C R S N C P
S Y M W N E R U E L F T C É E
T N G E R P P R É S I D E N T
```

PROFITER
REQUIS
MATIÈRE
PUBLICATION
RUBAN
ÉCONOMIE
PRIVILÈGE
CAVITÉ
EXPOSITION
PRÉSIDENT

ÉVALUATION
ARBRES
SURFACE
EXTERNE
INFÉRIEURE
BALLE
GROGNEMENT
LOCAL
FLEUR
CONCEVOIR

Puzzle 54

```
H X P B L D S T T E J B O J B
S Y R N L G E N I O O D F Y C
T X N O A A A O R M A W P W E
C E M U A H N S P C R E Q A L
N F T R C M Z N S B U S Y Q Y
Q E T N O P V P E R V I U C T
E F A E S C A S Q U E T T E S
N R D I S C U T E R X D C A O
T D I S C U S S I O N É A F U
R W B V W B O I Z M D V C F V
B M L P A R É M A C Y I H A E
É T A N G N O N D W C T E M N
M I S É R A B L E B M E R É T
N J F S H O G Q H Z F R O Y E
```

DISCUSSION
ESPRIT
STYLE
CAMÉRA
DISCUTER
OBJET
MISÉRABLE
PEUR
BUS
ÉTANG

PONT
TRANCHANT
CUIVRE
CASQUETTE
AFFAMÉ
ÉVITER
CACHER
SOUVENT
SONT
NAVIRE

Puzzle 55

```
N  J  N  C  F  A  S  J  N  W  K  S  M  H  V
O  Z  H  U  E  T  N  A  R  A  U  Q  A  O  M
E  O  Q  O  R  Y  A  C  F  P  T  M  R  N  F
U  I  H  V  I  F  R  I  Ê  C  V  B  G  O  L
D  Z  Q  N  U  K  K  Y  J  T  E  X  U  R  U
R  O  L  X  D  Z  Z  L  W  U  R  Y  E  A  X
É  X  R  C  O  X  W  V  D  O  U  E  R  B  C
P  R  E  N  R  U  O  T  R  G  T  I  L  O
É  V  G  D  P  E  T  V  O  R  I  N  T  E  U
T  J  N  B  G  I  K  M  G  A  F  E  E  M  P
E  R  A  E  U  R  O  Q  U  P  V  R  J  E  A
R  G  H  B  G  U  P  P  E  C  I  T  R  N  B
A  R  C  E  N  C  I  E  L  D  W  L  M  T  L
D  É  P  R  I  M  E  R  J  V  Y  G  S  U  E
```

COUPABLE	ARC-EN-CIEL
FLUX	ANCÊTRE
NOEUD	QUARANTE
PRODUIRE	HONORABLEMENT
PARTOUT	CHOU
MARGUERITE	ILS
FIGURE	DROGUE
CHANGER	TOURNER
RÉPÉTER	CURIEUX
DÉPRIMER	TRENTE

Puzzle 56

```
D V B E R I O T S I H S G A P
A A Y U N C H A U D U P T Q V
N R S Q O S I R I M K F Q N I
G I É I S C E P O S I T I F I
E A P R S O R M J V S K M A B
R B A T I R H A B P Z R F I V
E L R C U B Q H M L N F G D F
U E É E C E A C H Y E J Z G O
X I G L Y A C Z B C T U W W S
P Z D É S U W J T I U N Y H S
J L I N D É P E N D A N C E É
U U A E P A R D Y L V O E Z X
Y N N T A K H K O K D C O Y H
L I E U S P R O M E S S E N G
```

POSITIF
DANGEREUX
CONNU
HISTOIRE
ENSEMBLE
ÉLECTRIQUE
CORBEAU
PROMESSE
VARIABLE
INDÉPENDANCE

IRIS
DRAPEAU
FOSSÉ
LIEU
SÉPARÉ
CUISSON
AFFECTER
CHAMP
PLATS
CHAUD

Puzzle 57

```
E R I R C É P P R Q A P F X I
N M O Y F M U E C O N T A C T
V A J H K O U T R A V E R S O
A R X H C Q M U V F A J X T C
H I Z U I E C M L K E H U R C
I M A L V F B E N W R B E E U
R E P S Q D J H A D D G R I P
B M É L L I E L O S N E É L E
I M U S C A D E L A E R I I R
N V M M E R C I R A T È S M V
H E U R E U X T B R É I S A I
F L W F W B É K D L D É U F E
X E N T R E P R I S E H O D U
G R A N D M È R E R T T P Q X
```

MARI   POUSSIÉREUX
MUSCADE   BEAUCOUP
VIEUX   HEUREUX
CONTACT   TRAVERS
ÉCRIRE   MERCI
GRAND-MÈRE   FAMILIER
ENVAHIR   ÉTRANGER
ENSOLEILLÉ   THÉIÈRE
IMPLIQUER   DÉTENDRE
ENTREPRISE   OCCUPER

Puzzle 58

```
Q  S  T  L  O  V  A  G  U  L  C  G  G  M  H
J  E  P  A  T  É  Q  C  A  P  R  R  Y  J  L
A  R  C  Q  O  L  T  L  E  L  L  O  C  A  L
K  R  P  A  T  T  E  N  T  I  F  R  M  N  H
P  U  O  R  T  M  N  T  R  O  F  I  F  O  M
H  R  C  P  L  I  I  B  A  S  C  A  E  I  I
O  E  T  S  E  V  H  Y  M  É  F  E  J  T  E
L  S  S  S  T  Z  C  N  D  H  X  P  U  P  F
B  M  O  Y  X  V  A  M  É  N  I  C  Q  E  B
W  M  E  T  N  E  M  E  V  U  O  M  N  C  Q
P  R  O  P  A  G  A  T  I  O  N  Ê  G  X  K
H  A  B  I  T  A  T  R  Q  K  T  C  F  E  M
F  F  D  I  S  T  R  A  I  R  E  F  M  W  W
T  R  O  P  I  C  A  L  E  U  A  P  R  X  P
```

ATTENTIF	BAS
MOUVEMENT	EXCEPTION
COLLE	HABITAT
MARTEAU	FENÊTRE
PROPAGATION	ÉTAPE
CINÉMA	DISTRAIRE
SERRURE	PENNIES
TROU	VOLTS
MACHINE	DÉCIMAL
VESTE	TROPICALE

Puzzle 59

```
T  W  F  F  I  U  A  E  R  I  A  L  B  A  O
R  C  T  Q  Z  O  M  R  R  C  H  Z  C  V  R
É  O  T  C  L  P  P  E  S  U  O  P  É  C  E
V  M  B  X  L  W  P  A  W  E  E  H  S  U  I
É  P  B  O  L  U  I  O  U  J  L  T  J  R  L
L  R  I  J  O  I  L  B  S  É  B  V  C  O  L
E  E  E  C  M  O  M  E  N  T  A  A  E  O  E
R  N  N  V  A  C  R  R  I  I  S  R  X  F  D
H  D  T  T  U  D  J  O  O  L  N  I  P  E  S
H  R  Ô  R  T  H  N  P  S  A  O  É  L  U  R
Z  E  T  J  E  E  M  T  E  U  P  T  O  I  A
V  O  F  C  U  H  Y  H  B  Q  S  É  R  L  S
M  I  A  X  R  F  A  I  R  E  E  T  E  L  Z
A  R  C  T  I  Q  U  E  J  F  R  O  R  E  G
```

DOCTEUR	EMPLOI
FAIRE	AUTEUR
VARIÉTÉ	COMPRENDRE
BESOINS	RESPONSABLE
ÉPOUSE	RÉVÉLER
MOMENT	EXPLORER
BIENTÔT	ARCTIQUE
OREILLE	QUALITÉ
COUPER	FEUILLE
JEU	BLAIREAU

Puzzle 60

```
D  E  R  N  I  È  R  E  S  M  S  N  L  X  S
F  S  V  A  C  C  O  M  P  A  G  N  E  R  Q
U  T  N  E  L  A  T  U  I  D  T  O  D  L  K
B  T  O  M  M  U  A  S  E  N  O  I  R  E  E
A  N  I  R  R  U  O  P  X  R  I  A  T  Y  U
L  E  T  L  O  K  N  W  Z  I  G  O  R  D  Q
A  M  I  Y  I  Q  O  M  B  A  P  N  U  G  S
N  E  D  R  A  S  E  T  È  N  A  L  P  H  I
Ç  M  N  D  E  I  E  E  H  I  Q  X  O  Y  R
O  Ê  O  N  I  A  S  R  D  D  T  J  U  N  I
I  R  C  H  R  M  S  V  W  R  K  F  F  V  Y
R  T  N  E  C  S  E  L  I  O  T  É  P  Z  J
E  X  X  Y  R  D  R  M  A  R  I  E  R  S  B
P  E  T  K  D  X  P  É  T  R  A  N  G  E  S
```

MAIS	PLANÈTES
ORDINAIRE	DERNIÈRES
NOIRE	TALENT
PRESSE	CENT
POURRI	CONDITION
MARIER	UTILISER
TAXI	GRAND
BALANÇOIRE	ACCOMPAGNER
ÉTOILES	RISQUE
EXTRÊMEMENT	ÉTRANGES

Puzzle 61

```
G É A D V E R S A I R E T D L
D L I E S N O C H O J C O I I
É R A T A E A W J N E S N A D
T A H Ç V B S W R E T I V N I
Ê P I S O C J Z Y I P O P O A
R M F Q O N A O D M E F E I S
R D S Z C P S X U W L R N T C
A V A N T F P P W E Ô A N I O
P E I G N E I Q B T R P Y T O
I M M P R H H A H A T C K É T
E P L N O V C C D V N M E P E
I M P A C T W K F A O V I M R
D O M I N A N T T R C M U O Z
C D G I W H N A P C Z G Z C W
```

AVANT	SCOOTER
COMPÉTITION	INVITER
PARLÉ	DOMINANT
PARFOIS	GLAÇONS
CRAVATE	PENNY
ARRÊTÉ	CONTRÔLE
IMPACT	CHIPS
CONSEIL	JOUER
PEIGNE	DANSE
RIE	ADVERSAIRE

Puzzle 62

```
U  Q  T  H  E  R  V  I  V  W  I  S  A  P  K
T  B  K  N  U  C  A  C  R  G  Q  E  A  P  K
B  U  G  K  V  P  C  L  I  R  G  C  P  X  J
Z  I  U  C  M  O  U  T  O  N  S  O  P  F  R
L  M  Y  T  H  S  I  O  H  M  H  U  R  É  Ê
H  N  B  P  R  A  P  Ê  C  H  E  É  O  R  V
N  B  H  O  T  É  U  F  O  N  A  F  C  O  E
P  A  U  V  R  E  F  S  P  E  N  H  H  C  Y
O  F  C  M  J  C  P  É  S  P  B  I  E  E  Y
L  G  R  I  S  Y  E  N  R  E  T  N  I  B  I
A  C  H  A  N  D  A  I  L  E  T  Y  U  M  W
G  G  R  O  S  E  I  L  L  E  R  T  O  M  Y
P  R  I  N  C  I  P  A  L  E  H  J  E  R  E
C  O  M  M  E  R  C  E  E  K  H  L  S  S  E
```

MOUTONS	PRINCIPALE
PÊCHE	FÉROCE
LIGNE	GRIS
GALOP	SECOUÉ
COMMERCE	RÉFÉRER
RÊVE	PAS
CHAUSSETTES	VUE
APPROCHE	CHANDAIL
VIVRE	INTERNE
PAUVRE	GROSEILLE

Puzzle 63

```
X M Y R U J H E O H E F J H C
P S M W I S S U A H B F A O H
O K T O H G L F C Z F R T D E
L I M I T E I U X O G O P O M
O E E L Z R O D N N E I B S I
S A L I L D L C E E D D M E S
M A I P R E T I P I C É R P E
O C R G S I F R H Y D Y E C Z
I C S O O J A R D I N J I R S
M U P N E H H R R T O I H C E
Ê S A C E S V R Z H F C H G J
M E Y Z W O N K S P O I P F C
E R S L G C U K A H R V F M Q
Q U E S T I O N K O P C Z J Z
```

FONCTION   ACCUSER
ZONE   LIMITE
MOI-MÊME   DOUCHE
LILAS   AUSSI
JARDIN   FROID
RIGIDE   HIER
PROFOND   PRÉCIPITER
PAYS   CHIOT
CHEMISE   JURY
QUESTION   SOLO

Puzzle 64

```
V P E L L E U D I V I D N I C
O U T I L C R D R O N R F T X
G T O M T O G J R I I G F L X
L H C M E M Ê M I S D M E U R
A E I Y S I B C D I E É E E P
N R R F I T C A S N S R L H E
D M A S R É K U D O U L M P R
S I H U C T G W R T I B A A S
G Q D J T C É T N A S S J R O
V U N P R J N E T E U S O G N
H E V Y T X V A O A N M R A N
M B N R Q A B M Q K L F I R E
C O N D U C T E U R Z I T A L
E X P É R I E N C E D O É P B
```

MÊME   INDIVIDUELLE
BATAILLER   EXPÉRIENCE
AVENTUREUX   ACTIF
OUTIL   NORD
VOISIN   COMITÉ
SANTÉ   ROSÉE
GLANDS   THERMIQUE
PARAGRAPHE   MAJORITÉ
CONDUCTEUR   PERSONNEL
CRISE   HARICOT

Puzzle 65

```
G  C  D  I  S  S  E  M  B  L  A  B  L  E  E
R  L  C  H  Â  T  A  I  G  N  E  S  J  Y  E
E  U  D  G  Y  J  W  O  F  N  D  Z  B  R  L
N  B  I  J  Z  E  N  N  O  L  O  C  D  E  L
O  C  R  E  C  P  W  C  T  C  X  N  P  I  E
U  G  E  L  L  G  U  L  A  I  I  F  E  R  N
I  Q  E  R  E  M  R  E  F  O  O  I  R  R  N
L  T  N  E  T  N  O  C  J  W  V  N  M  U  O
L  H  C  A  T  D  U  E  X  Q  D  I  E  O  I
E  F  G  P  O  G  R  U  J  Q  Y  R  T  C  T
X  E  Y  Y  R  E  O  J  T  S  L  C  T  V  O
W  P  G  P  A  T  Z  X  K  D  W  O  R  B  M
A  F  F  E  C  T  I  O  N  M  B  W  E  J  É
E  N  S  E  I  G  N  E  R  G  M  I  X  V  I
```

ÉMOTIONNELLE
COURRIER
CONTENT
DIRE
AFFECTION
VOIX
DISSEMBLABLE
REJOINDRE
BYE
CHÂTAIGNES

PERMETTRE
CAROTTE
CLUB
ONCLE
FERMER
TEL
FINIR
ENSEIGNER
COLONNE
GRENOUILLE

Puzzle 66

```
O U O L C V I D S N O L L A B
T A P I S R G F O O D I A C D
A E W R G Y A I D R I A R R E
M T B Y S U T Y F J S V É E R
I A Y A J A L O O Y T A D S N
L B D F V L M F P N R R É S I
C Z E I P O U C E S I T F O È
X P T B K H R J O X B S V N R
N O I T A L L E P É U V J B E
M I M F L X F P X U E Y O J M
N A V I G U E R V U R P B E E
J K A A T O L B Q S B A O Q N
Q R B K Q D Ô M G F N C X V T
T F A Z J I R E T R O P P A R
```

DOUX	BALLONS
FÉDÉRAL	CLOU
POUCES	RAPPORTER
RÔLE	POT
TAPIS	NAVIGUER
DISTRIBUER	BATEAU
CRAYON	CLIMAT
DERNIÈREMENT	JOYEUX
TRAVAIL	MOTIVATION
CRESSON	ÉPELLATION

Puzzle 67

```
R  E  R  É  L  O  T  Z  G  Y  Q  F  Q  S  T
Z  A  M  T  O  Z  K  P  U  T  K  C  V  T  R
O  O  P  P  L  Z  J  B  R  A  S  K  X  R  O
V  E  Q  P  H  S  Q  J  F  H  Y  E  S  U  I
B  N  E  Z  E  Y  Z  T  P  B  Z  T  R  C  S
G  A  R  S  R  L  S  I  M  E  N  N  E  T  I
F  H  I  E  V  I  L  I  W  M  L  A  I  U  È
A  F  U  S  I  E  E  E  Q  E  H  I  T  R  M
R  Y  R  S  O  V  O  U  U  U  B  D  N  E  E
I  R  T  O  P  É  A  N  Z  Z  E  U  E  R  W
N  N  É  G  T  R  N  K  L  I  T  T  C  È  F
E  U  D  C  R  A  N  O  I  N  U  É  R  R  S
C  É  L  I  B  A  T  A  I  R  E  F  L  F  C
L  U  N  E  T  T  E  S  B  Z  N  L  R  N  X
```

FARINE	ÉTUDIANTE
LUNETTES	FRÈRE
RAPPELLE	ENNEMIS
STRUCTURE	POIVRE
BRAS	RÉUNION
GARS	RÉVEIL
DÉTRUIRE	PHYSIQUE
ANNUEL	GOSSES
TROISIÈME	TOLÉRER
CÉLIBATAIRE	ENTIERS

Puzzle 68

```
F T L K Z V R I L L I E U C U
Y M E F U R K O F P A O H J X
T E M Q D H S L A F O Q F M H
G S Ê O N E J É S U D W F Y R
E U M Z N W E V U R L F W E Z
U R I R L R C R E T N E V N I
Q E U E U Y E R E L A T I O N
I O L E V S C O N T E N I R U
T K H O N E C O N D U I R E P
I E K E U M P R É C É D E N T
R G F A P R C O N F I A N T L
C F Y O C E L B I G I L É W V
O T U Q P T S P É C I A L E K
C H A C U N A P A N T A L O N
```

VÉLO
TOURNESOL
RELATION
TERMES
MESURE
HEURE
CHACUN
PRÉCÉDENT
CONFIANT
CONTENIR

INVENTER
LUI-MÊME
OFFENSER
SUD
CONDUIRE
ÉLIGIBLE
PANTALON
CUEILLI
CRITIQUE
SPÉCIALE

Puzzle 69

```
B  L  I  E  L  O  S  L  A  I  S  S  E  R  V
L  Â  O  Z  D  S  D  T  J  W  H  V  V  I  Ê
A  S  T  I  P  L  A  I  N  E  S  U  R  N  T
I  U  R  I  N  I  A  D  U  O  S  T  E  L  E
T  P  O  J  M  P  A  S  S  É  I  H  S  E  M
U  Z  F  N  F  E  M  M  O  P  B  T  É  T  E
E  B  G  O  M  T  N  A  L  B  M  E  R  T  N
Q  F  O  N  Z  F  A  T  E  K  S  A  B  N  T
É  T  I  N  C  E  L  E  R  E  V  V  O  E  S
J  Z  Z  A  T  E  F  A  A  L  T  U  B  M  T
Z  U  E  X  E  R  C  E  N  T  Q  M  C  G  A
P  V  G  A  G  W  C  O  D  R  O  C  C  A  Y
H  X  U  E  I  G  I  L  E  R  U  F  P  R  E
N  L  P  A  O  E  I  P  O  B  F  D  S  F  V
```

FORT	TREMBLANT
BASKET	FRAGMENT
PASSÉ	EXERCENT
ÉTINCELER	RÉSERVE
BÂTIMENT	SOUDAIN
LAISSER	RELIGIEUX
POMME	LOIN
ACCORD	VÊTEMENTS
PLAINES	SOLEIL
LAITUE	JUGE

Puzzle 70

```
P M V E U E V B I È R E V C S
Q O L U P R O F E S S E U R T
W I L Q L X I G E V C X V S A
T X N I T H G N V C I T R Q N
V A N T T A B O I E M E N T D
Z R W N E I G C T G A R Ç O N
N T M A I R Q E A R É S E A U
B L A G U E R U N R S B C B Y
M L X O U N M O E O P O R É E
D L X J C M A S M J U L O T D
S N N R T O I N J P Y V C A E
X T B G S T S C Q P R D U I N
Z U L I K U O S S M E E S L S
Q G T P P A N N O U V E A U E
```

POLITIQUE   BOL
GENOU   NATIVE
MAISON   CROCUS
BIÈRE   ABOIEMENT
BLAGUE   INTERROMPRE
BÉTAIL   STAND
NOUVEAU   DENSE
PROFESSEUR   VAN
RÉSEAU   GARÇON
ANTIQUE   AUTOMNE

Puzzle 71

```
J U Z E X P G M C R J F T J M
S A E U D N E T E É O S A U F
A E M Z S G L I S M W C X K K
V M R A E R O C S E E H H O G
A A H C I U I P E R R G Z E I
I H L A Q S C T R G È I G R R
T C Q R O T U L I E T S X N A
L M U O U N L Z H R P N H E N
C O B T V E U F S R O J A G A
P E T I B R O T E W C U Z A C
A I D E R A N Y N O I T C A F
A A F J D P U N T F L M Z E T
T G Z P E G A S I V É I E X R
E Y D P G O S L R X H X K Z P
```

GENRE
AIDER
JAMAIS
HÉLICOPTÈRE
ÉMERGER
SCORE
TENDUE
ORBITE
CANARI
SENTIR

SAVAIT
LUCIOLE
CESSER
SAUF
CHAMEAU
ACTION
POURQUOI
PARENTS
ROCHER
VISAGE

Puzzle 72

```
F Y R V E V Q V M S S I A P É
H H S O P Y T C M O S Ï A M L
H C X D M F S E R È I R R A C
B U R E A U S É U K F N U O O
C H Z R L N C U D A U O O F H
A D Z I V O V K I M W T P F C
C M Y L N I V T T V D R V I Y
A Z Q I K J S J R Y A E A C J
O J H D I N D E A F Y N A I P
B R T Z K O Q H P S P H T E M
P O P U L A T I O N W D M R W
Q O H M E Y M E N A C E N U I
S X B N K T T W V V K D N N O
E Q H A D X V F M D T V X M V
```

MAÏS
PARTI
MENACE
OFFICIER
NOTRE
POPULATION
DUR
-BUREAU
CHOC
DINDE

POUR
PARFAIT
CACAO
LAMPE
LIRE
VIN
ÉPAIS
RHINOCÉROS
CARRIÈRE
SUIVANT

Puzzle 73

```
T  S  A  M  R  T  E  T  A  C  S  C  G  P  C
N  E  L  I  T  U  H  R  U  A  S  C  R  I  O
E  G  L  X  B  T  S  A  T  N  E  I  B  F  N
M  B  E  U  R  P  O  N  O  D  L  N  U  J  N
E  R  R  O  E  D  P  S  M  I  L  T  Q  Q  A
S  X  F  H  T  C  O  V  A  D  I  L  J  T  I
U  F  J  Z  R  Z  U  E  T  A  F  F  I  V  S
E  T  O  Y  O  C  D  R  I  T  A  A  P  H  S
Y  G  R  R  P  T  R  S  Q  Y  V  H  Z  E  A
O  N  D  V  P  T  E  A  U  A  M  T  T  C  N
J  C  X  D  A  A  Q  L  E  L  C  A  M  J  C
E  N  V  O  Y  E  R  E  N  U  M  M  O  C  E
D  I  F  F  I  C  I  L  E  O  M  V  T  I  S
C  H  A  N  S  O  N  J  T  G  V  W  F  M  I
```

AVAIT	COMMUN
COYOTE	DIFFICILE
UTILE	TOMATE
FILLES	CONNAISSANCES
BIEN	CANDIDAT
APPORTER	CHANSON
ENVOYER	-ALLER
EFFORT	AUTOMATIQUE
JOYEUSEMENT	TRANSVERSALE
POUDRE	HOUX

Puzzle 74

```
A  H  E  M  Y  M  S  E  D  L  Q  G  P  G  V
I  S  R  T  W  Y  L  S  R  E  L  P  U  O  C
M  X  È  A  E  G  T  P  H  P  N  O  L  E  S
É  B  I  N  N  P  M  B  O  L  T  T  A  C  C
Z  E  V  A  C  A  D  A  B  E  J  D  H  K  L
L  V  I  D  S  S  V  R  S  U  A  E  C  S  A
J  R  R  É  W  X  G  I  V  F  L  S  I  D  I
T  E  S  I  A  V  U  A  M  U  R  O  W  A  R
J  L  X  L  S  F  I  G  L  E  F  I  D  V  E
O  O  P  B  V  W  G  E  I  V  N  G  N  R  M
U  V  T  U  W  J  N  R  M  P  J  N  A  Q  E
E  X  L  O  X  R  V  R  R  U  Q  É  S  H  N
U  W  E  E  E  U  A  R  A  I  G  N  É  E  T
R  K  W  B  O  P  E  R  D  R  E  S  F  P  F
```

MAUVAISE	CLAIREMENT
SOIGNÉ	COUPLE
RIVIÈRE	PERDRE
SCEAU	AIMÉ
SELON	SANG
OUBLIÉ	MARIAGE
JOUEUR	VOLER
ARAIGNÉE	SANDWICH
OUVRIER	DENT
TRIANGLE	OEUF

Puzzle 75

```
R E C O N N A Î T R E R T N E
F S U P X F E K L N X F D D R
L A A U B E S S I A L T A I I
V B J O P D U K U G I Ô Z W D
L O Q C I U J C E G I T I R I
V W I G E T P D R I Z K D E M
W K V R R É O U U A Z Q O T I
F V U D R Q C G C Z S X M O N
N S L M E T E O É O P H C U U
K I M I T E R I V D X U O R E
X E A U B E T U U P L Q U U R
U P W C S T T Q O G S Q R U G
S K R H A F E P R I K H S B X
Z P I E V D L X T C B R S D S
```

BASE   RECONNAÎTRE
ENTRE   LETTRE
TROUVÉ   JUS
ÉCUREUIL   COUP
KIWI   PIERRE
VOIR   TÔT
COURS   AUBE
CRASH   ÉTUDE
LAISSE   RETOUR
DIMINUER   IMITER

Puzzle 76

```
C O N C E P T I O N E P Y C S
I M P O R T A N T U R R H E I
J T V S D I N W Q E I O A L D
U L D U E R A S I I R F H L E
H É R O N N E O A S C I E U G
R L X M É T I R É V É T L L C
I L Y K N I V O X N D Z B E R
S V Z A P G K A R D E L I U O
I D G V D I R E C T I O N S I
J I R É C E M M E N T X O S R
G N A T U R E S U O L E P R E
P R A T I Q U E N S P C S B K
R A I L L E R I E F W E I L F
C O N T E N U C Y C L E D P U
```

RÉCEMMENT
CONTENU
CELLULE
HÉRON
VRAI
PELOUSE
GIGANTESQUE
RAILLERIE
VÉRITÉ
CYCLE

PRATIQUE
CONCEPTION
NATURE
DISPONIBLE
IMPORTANT
SENIOR
CROIRE
DIRECTIONS
DÉCRIRE
PROFIT

Puzzle 77

```
J V F H F C A N K E L A S S O
T A B É D Q V S R T Z P F O P
A Z J M S G I U E S L R W E H
D V P I B E T L N U J É F C O
L N E M I L M P N J B S T N L
O M O C U G R X O K G E S A C
S L W C I S L L D Q L R T S Q
P G R O S S I È R E S V S S F
D I S C O U R S O D Y E Y I Z
Y S X Y R H R W D É M R N U E
V E N C V V E G A S S E M P V
C O O O D X É N Y E L L E B M
F L E U R S R X E R È G A T É
V D X C U M C N O T T Y T Z A
```

PLOMB
CULTURE
PUISSANCE
MESSAGE
FLEURS
CRÉER
DÉSERT
DISCOURS
PLUS
BELLE

DÉBAT
PRÉSERVER
JUSTE
ÉTAGÈRE
SAC
LASSO
DONNER
GROSSIÈRES
SOLDAT
AVEC

Puzzle 78

```
E  F  D  P  U  P  N  C  M  W  L  E  V  L  D
G  J  E  R  R  E  V  E  G  A  V  U  A  S  É
R  U  M  Z  W  B  P  X  C  C  C  Q  B  È  C
I  D  A  M  X  E  H  I  I  H  H  È  D  C  L
S  U  I  T  S  G  D  O  C  A  A  H  L  C  A
W  E  N  E  H  É  I  H  E  N  Î  T  B  U  R
U  U  R  U  M  N  N  C  N  C  N  O  E  S  A
Y  Q  O  V  Q  Y  J  M  T  E  E  I  S  E  T
X  A  T  X  I  E  S  C  R  U  W  L  O  I  I
A  L  K  Y  Y  R  C  T  A  X  N  B  I  T  O
É  P  I  N  A  R  D  S  L  S  H  I  N  R  N
H  L  C  O  U  D  R  E  M  T  I  B  F  A  K
Y  E  M  V  O  L  O  N  T  A  I  R  E  P  P
E  W  L  G  C  S  V  G  S  A  C  Q  A  X  T
```

COUDRE   NID
CHOIX   DÉCLARATION
PARTIES   PLAQUE
VOLONTAIRE   CENTRAL
SUCCÈS   MÉDICAL
DEMAIN   BIBLIOTHÈQUE
CHAÎNE   SAUVAGE
CHANCEUX   SERVIR
VERRE   PESER
BESOIN   ÉPINARDS

Puzzle 79

```
M S C I E N T I F I Q U E M P
K É S O P M O C T U L I P E O
L R D K V D F D X W C Z K I U
K N O I T I D É P X E V D G R
Â W P E A D É S E S P É R É S
N H E L X T N E R U S S A M U
E N U A J O I Y B H G N G U I
L E M T B I V Q B P E E S S V
È X X O M D G B U T L S A É R
D W N T X I A G L E X I V E E
I B J G Q R X F R E B A O E F
F W E E K E N D O T U H I I N
X S Y K V H Y V E N Y C R R Z
C O M P O R T E M E N T C S T
```

GELER
BLEU
SAVOIR
TOTALE
COMPORTEMENT
COMPOSÉ
WEEK-END
TULIPE
ÂNE
FIDÈLE

SCIENTIFIQUE
JAUNE
CHAISE
IDIOT
DÉSESPÉRÉ
MÉDIATIQUE
EXPÉDITION
POURSUIVRE
ASSURENT
MUSÉE

Puzzle 80

```
F R A U T O R I T É N P H V D
C R E R U T I O V R Y I A M E
O R A S E V I T C E R I D Q V
C A T P P W D D V G E F M D O
C R F J P O J Q D J E R Y T I
I E L I U E N R W C A O Z R R
N M T S C T R S A X L M C E Q
E E H N H S S L A N C A Z F U
L N Z I C I G J Y B T G K S I
L T I T S T I T E P I E O N T
E M M O G R E Y D M O L S A T
N I H P U A D M Z F S V I R E
R É U T I L I S A B L E T T R
G I R A F E R O L K L O F S É
```

GLACE
DIRECTIVES
DAUPHIN
RESPONSABILITÉ
VOITURE
FRAPPER
RAREMENT
QUITTER
TRANSFERT
DEVOIR

AUTORITÉ
GOMME
FROMAGE
PETITS
FOLKLORE
GIRAFE
COCCINELLE
RÉUTILISABLE
ARTISTE
SOIT

Puzzle 81

```
P C A M O T S E V Z U D S D G
O S U R Q B Y P P A Z U M B U
M O A I C F T N E S S I N U P
P M U G L U V D R A L U O F K
I M T A P L I Y A Q V U I O J
E E O R A R È R A K Y C T C S
R T M E N U Z R X N V A A C O
A M O T S E T T E I M V M U U
P P B N I I L M Z U N E R P F
G O I I S R W A G F G R O É F
F L L G S É M V M W D N F O L
X I E Y A T M X J X Y E A B E
O E Q P C N G R A H N T I L N
V W R D Q I P O S I T I O N T
```

OCCUPÉ
PUNISSENT
FOULARD
INTERAGIR
SOUFFLENT
AUTOMOBILE
CAVERNE
LANGUE
POLIE
INTÉRIEUR

SOMMET
CUILLÈRE
PAN
POMPIER
POSITION
ESTOMAC
RIDEAU
FORMATION
MIETTES
ASSIS

Puzzle 82

```
D A N G E R E U S E M E N T O
D I R E C T E U R Y N Y C B D
M A R D I T F O V I S I T E Y
M O N S T R E L I O V E Q F E
S P S C Y E I R E G N A M L N
T A A O A U U O V U J N T E E
O T U N R O U C V T U D H N M
C I C F M C X C X A I S O T È
K N I O É E J J J L M H O J R
A A S N E S E H I C P D F D C
G G S D P D E L C É T E H C A
E E E R J H V P L Y L W Q K V
G B S E A G L É N V P G V M Z
K Q B E P P T Y E Z D L A N A
```

MONSTRE
ÉCLAT
MANGER
CONFONDRE
SECOUER
PATINAGE
TÉLÉPHONE
AVOIR
DIRECTEUR
STOCKAGE

ACHETÉ
CRÈME
ARMÉE
ELFE
SAUCISSES
VISITE
DANGEREUSEMENT
MARDI
VOILE
OBTENU

Puzzle 83

```
I  K  P  D  H  J  Y  C  A  T  Y  R  C  X  I
T  N  E  I  D  É  R  G  N  I  E  G  O  P  N
I  I  R  Q  C  L  U  M  I  L  N  Y  N  G  S
P  P  I  Z  Z  A  E  D  U  O  O  E  T  T  T
P  L  E  U  R  É  O  O  L  H  I  R  R  A  A
E  J  A  U  I  X  C  S  R  R  S  B  I  N  B
Z  O  N  É  G  O  C  I  E  R  I  È  B  I  L
C  U  V  O  Y  A  G  E  Q  U  L  L  U  M  E
G  R  E  G  N  A  D  K  O  D  L  É  E  A  D
C  M  J  E  T  S  A  R  T  N  O  C  R  L  R
R  C  S  X  P  D  K  E  J  A  C  E  U  E  Ô
Q  I  D  I  D  T  R  È  S  T  C  B  G  G  L
M  U  L  T  I  P  L  I  C  A  T  I  O  N  E
P  G  A  V  V  B  Y  F  W  T  U  C  F  L  C
```

COEUR	PLEURÉ
ANIMAL	CONTRASTE
COLLISION	DANGER
CONTRIBUER	DRÔLE
INSTABLE	LONG
VOYAGE	PIZZA
NÉGOCIER	JOUR
COULER	MULTIPLICATION
PIED	INGRÉDIENT
TRÈS	CÉLÈBRE

Puzzle 84

```
G A J F W X M R E S I A B N G
N I D L P T Z U S D C A O S R
P V Q R C P Y E S N W S R U A
Q Y B N N K R G R I I W É L P
L E Ç O N P L I S O C U Z E H
Y T R T X T H E P L I A Z R I
V S R E T E N N I S T E L D Q
C A Z E L A N O I T A N B U U
W V E X P L I Q U E R N U O E
R E C O M M A N D E R A L S E
B O U T E I L L E S K L S É Z
R I M E D W J C Y S U I V R E
P O S S I B L E B I I H R P Z
R D A V O C A T X X U E P O B
```

ANNEAU
RÉSOUDRE
EXPRESS
LEÇON
POSSIBLE
MUSICAL
SUIVRE
GRAPHIQUE
RIME
BOUTEILLES

AVOCAT
NEIGE
POISON
VASTE
TENNIS
NATIONALE
RECOMMANDER
BAISER
ZÉRO
EXPLIQUER

Puzzle 85

```
L H A I F A W T R A G I Q U E
F A X E D A N O M I L K T P N
U T R N T L U W R L C S K E U
R P V G K T S E U O T O M R E
I Y V F E C R U O S S E R M J
E Z F G E U Q I T S U O M I M
U E L B A T R O F N O C M S N
S R C O N N E X I O N F C S Q
E I M A R C H E R P Z D T I N
S A P I S M Y A G Z R T K O C
S M K X U E L I T U N I S N I
A I C O N F I A N C E F V M U
J R Z U J L F N K C L T Y E X
M P P E R S O N N A L I S É R
```

INUTILE
MOUSTIQUE
LARGEUR
PERMISSION
PRIMAIRE
MOTO
CONFIANCE
LIMONADE
MARCHER
JEUNE

CONFORTABLE
PRIVER
CONNEXION
PERSONNALISÉ
ROUTE
RESSOURCE
SKI
OUEST
TRAGIQUE
FURIEUSES

Puzzle 86

```
P R O N O N C I A T I O N E T
X T V S Q F J C X D N O R N X
P E R F O R M A N C E U E I X
H B I Q T D J J T N D V R U S
P A R T I C U L E É I J T H S
M M E É G N A R C O J C T W E
O I L J É A Y O Ç E A F E R B
N N U W T P R E O D W A M E M
D U C E R P R J K U P C U T I
E T L C O R P S B A V M O A N
N E A T P D D Z P H F R S L D
K J C N P A G D N C X O E C W
K X K M A I M P L I Q U É É M
A T T E N T I O N Q G Y Z Z D
```

PARTICULE
MINUTE
IMPLIQUÉ
MONDE
OUVRE
RANGÉE
CORPS
BREF
APPORTÉ
PROCÉDURE

PRONONCIATION
ROND
CHAUDE
ÉCLATER
PERFORMANCE
SUR
ATTENTION
REÇOIVENT
CALCULER
SOUMETTRE

Puzzle 87

```
I  S  X  Q  U  A  N  D  U  C  M  I  R  W  D
U  C  A  K  W  D  J  F  E  H  W  N  S  X  S
H  M  A  T  É  R  I  E  L  A  H  F  G  M  S
P  X  B  É  R  É  F  É  R  P  H  I  U  E  O
R  E  U  N  I  T  N  O  C  I  U  R  T  C  U
S  S  A  B     O  Y  Z  R  T  I  M  R  C  R
É  C  E  U  U  T  S  Û  R  R  T  I  I  I  I
R  U  S  Z  D  T  Z  B  E  E  Z  È  M  T  R
I  I  B  S  O  K  Z  L  T  B  U  R  E  R  E
E  S  Z  C  H  W  J  Y  R  P  A  E  S  O  A
U  I  K  R  E  P  A  S  O  L  R  R  T  N  H
X  N  P  Q  B  Z  S  O  P  C  K  F  R  Y  O
M  E  M  W  P  Y  Q  I  M  G  N  C  E  X  P
L  O  I  N  T  A  I  N  I  A  E  V  R  O  B
```

HUIT	BAR
QUAND	CONTINUER
CHAPITRE	MATÉRIEL
REPAS	LOINTAIN
INFIRMIÈRE	IMPORTER
CUISINE	SÛR
SOURIRE	SÉRIEUX
PRÉFÉRÉ	BAS
CITRON	STOCK
PEAU	TRIMESTRE

Puzzle 88

```
P  R  É  O  C  C  U  P  A  T  I  O  N  A  G
B  I  R  S  O  U  H  A  I  T  M  O  P  G  T
J  N  I  A  C  C  È  S  A  B  H  A  W  E  N
M  E  T  W  D  P  C  Y  D  X  R  J  Z  N  E
Q  V  D  V  A  L  V  V  N  D  J  S  K  T  M
Q  E  A  Q  D  X  P  M  O  I  E  E  U  T  E
T  R  X  T  B  Y  I  N  U  R  M  R  V  I  S
J  G  Y  B  T  D  N  R  B  A  M  U  N  A  U
R  E  I  T  N  E  L  A  I  C  O  S  E  K  E
C  B  B  A  R  Z  I  T  E  I  S  S  U  É  R
I  N  R  N  R  X  N  F  E  W  U  S  F  U
E  G  A  Q  Q  O  J  E  T  R  P  A  C  O  E
L  F  P  H  O  T  O  G  R  A  P  H  I  E  H
B  T  E  M  P  Ê  T  E  I  P  N  C  M  G  L
```

REVENIR	TIRÉ
TEMPÊTE	PHOTOGRAPHIE
ATTEINT	RÉUSSIE
PARDONNER	ACIER
ONZE	ACCÈS
HEUREUSEMENT	SOUHAIT
PRÉOCCUPATION	CIEL
AGENT	SOMME
ENTIER	CHAUSSURES
SOCIALE	GRANDI

Puzzle 89

```
K D Y A U S J F C Y R W A T Y
Q C W A B C P I Q H Y T B F Z
M N Z O G F L N T B A G E X C
M O I N S A O A R E D R A G X
V R Q U T H N L K R W R B N P
R H Q I É L È V E M R O F O B
P M P J U X É R É P E R A B N
E Ô H E G J K K R H T R S I I
H S A T I A R R U O P I C S M
C F L Y T N A F N E O V Q O E
Â F Q L A T I P A C D I Q N H
T V L Z F T E X T E A O X D C
Z Q S U R P R I S E L S R X N
M G K W W D Z D Y B A L C O N
```

MOINS
CHARBON
FATIGUÉ
POURRAIT
CHEMIN
ADOPTER
TEXTE
HÔPITAL
BISON
FORME

FER
BALCON
FINAL
SURPRISE
GARDER
ENFANT
REPÉRÉ
CAPITAL
TÂCHE
ÉLÈVE

Puzzle 90

```
H D P R E I F I L A U Q C B E
I M R E T M P U T O I S E H X
P G U C N A P V Q J S N R C A
P U D N E S T Ê L C T I T I C
O O E A M V I K C N V R A C T
P C N L E V N M F H E E I I E
O O T A N M I G U U E R N R M
T M S B N H C I C L D R E C E
A P C N O D G A G M É E M U N
M L W W R F V V M X H U E L T
E E C U I É H C R A M G N E K
Z X J M V N É G A T I F T R U
J E I R N O T E R I S I B L E
S O R L E M A S Q U E S V J I
```

DONC
PUTOIS
GUERRE
QUALIFIER
RISIBLE
EXACTEMENT
ÉVACUER
EMPÊCHER
SIMULÉ
CERTAINEMENT

MASQUE
CIRCULER
NÉGATIF
HIPPOPOTAME
NOTE
MARCHÉ
BALANCER
COMPLEXE
PRUDENT
ENVIRONNEMENT

Puzzle 91

```
U  X  O  W  F  P  I  N  T  E  N  T  I  O  N
W  X  A  Y  E  C  L  R  É  P  O  N  S  E  K
S  B  F  J  U  A  A  A  O  A  Z  E  H  C  O
C  P  U  R  N  D  K  V  T  A  L  X  G  Q  E
L  X  O  E  S  R  T  N  E  P  R  E  S  C  C
Ô  H  R  R  C  E  I  P  E  N  S  É  E  O  N
T  Y  C  É  T  S  M  P  A  I  S  I  B  L  E
U  O  É  G  A  O  O  R  I  E  N  W  G  X  T
R  M  W  G  P  L  E  I  T  T  K  S  I  A  É
E  A  A  U  L  A  L  N  R  T  J  L  I  J  P
K  M  B  S  A  C  L  E  R  U  T  A  N  O  M
K  Z  Q  K  N  A  E  V  R  Y  Y  H  L  Q  O
L  K  I  B  T  F  U  E  B  R  Q  B  P  S  C
O  G  Q  G  E  Z  X  D  S  V  U  E  O  N  A
```

CLÔTURE	PLAT
MOELLEUX	FEU
ÉCROU	INTENTION
PENSÉE	LAC
SPORT	MAGASIN
DEVENIR	CADRE
RIEN	PLANTE
NATUREL	RÉPONSE
PAISIBLE	SUGGÉRER
SERPENT	COMPÉTENCE

Puzzle 92

```
A M É L I O R E R T N E T T T
E D U T É I U Q N I D D N N K
S E I U L P P E R A R E E E Y
E R I A T É R C E S D A D M A
R T O C S È R N T I A R N E H
U A H A F S O K S I S T E G P
T U A É V Q E É F M K I V A A
I Q R G Q F R M V Q S C F G T
N P Z J O P W N B K C L U N I
R E T N E S É R P L U E E E N
U A E T U O C A J T A H T W E
O A T T E I G N E N T G P S R
F N O U V E L L E S X V E D Y
R E S P I R E R V I S I B L E
```

AMÉLIORER
ARTICLE
INQUIÉTUDE
RARE
SECRÉTAIRE
FOURNITURES
PRÉFÈRENT
ASSEMBLAGE
RESPIRER
NOUVELLES

PLUIES
VENDENT
PATINER
ATTEIGNENT
PRÉSENTER
RÉSIDENT
VISIBLE
COUTEAU
QUATRE
ENGAGEMENT

Puzzle 93

```
I  L  U  C  B  J  P  É  H  C  A  T  T  A  Z
L  N  U  R  B  W  S  E  N  G  A  T  N  O  M
R  S  O  P  H  N  N  M  C  R  X  L  O  I  C
E  R  L  N  E  T  S  I  L  G  U  K  I  N  O
R  U  D  S  D  C  F  Z  X  C  Y  F  S  T  L
I  E  N  N  P  A  O  N  G  L  O  N  S  E  L
A  I  I  I  R  E  T  Ê  R  P  F  N  A  R  I
S  S  E  O  C  F  D  I  Y  M  A  A  P  C  N
S  U  L  S  J  I  I  U  O  M  C  T  M  E  E
E  L  P  T  K  U  D  K  I  N  T  A  O  P  G
C  P  B  P  P  B  F  V  M  D  E  T  C  T  Â
É  R  B  R  O  Z  W  K  R  X  U  I  N  E  R
N  C  N  B  J  S  N  P  I  O  R  O  C  N  Q
N  O  I  S  I  V  É  L  É  T  T  N  A  T  Z
```

MONTAGNES	INONDATION
ATTACHÉ	SOINS
SUPPOSÉ	PLUSIEURS
INTERCEPTENT	PRÊTER
BRUN	COMPASSION
COLLINE	ONGLONS
NÉCESSAIRE	FACTEUR
ÂGE	TÉLÉVISION
LISTE	PLEIN
NATATION	INSENSÉ

Puzzle 94

```
T  P  X  D  G  I  I  N  S  T  A  N  T  Î  B
V  M  H  D  D  T  Y  P  I  Q  U  E  U  L  G
C  V  Y  E  N  I  Z  A  G  A  M  D  Y  E  K
J  W  M  P  L  D  H  D  É  M  A  R  R  E  R
B  A  C  H  R  E  S  I  L  A  É  R  V  O  E
S  M  A  I  N  M  S  D  W  M  R  L  E  P  P
B  Â  T  O  N  A  E  T  I  M  R  P  R  R  P
U  É  T  U  A  N  U  M  M  O  C  B  D  O  O
G  A  C  E  F  D  I  S  U  O  Y  L  I  P  L
P  P  R  P  S  E  C  N  A  C  A  V  C  R  E
N  I  V  O  I  I  F  A  I  T  I  V  T  I  V
R  B  Y  I  N  C  R  I  L  B  A  T  É  É  É
J  K  Q  N  C  U  X  E  B  P  Q  G  V  T  D
P  V  I  T  K  E  W  T  C  P  T  E  E  É  K
```

DEMANDE
MAIN
TYPIQUE
RÉALISER
MAGAZINE
INSTANT
POINT
DÉMARRER
VERDICT
RIRE

BÂTON
PROPRIÉTÉ
COMMUNAUTÉ
SAMEDI
ÎLE
DÉVELOPPER
VACANCES
FAIT
CERISE
ÉTABLIR

Puzzle 95

```
P  R  O  P  R  I  É  T  A  I  R  E  F  C  J
W  B  K  N  S  N  E  I  C  N  A  S  I  O  B
F  O  Q  W  Y  S  B  X  X  E  A  L  L  C  P
H  A  K  E  Z  T  Q  Z  R  T  N  G  L  K  S
L  F  W  I  Z  A  U  U  S  W  Z  J  E  T  V
Q  X  C  L  S  N  Y  N  I  S  I  A  R  A  C
K  F  E  E  F  I  S  D  O  N  T  M  J  I  C
L  L  B  W  R  A  R  E  F  H  X  L  T  L  W
T  U  X  X  G  F  R  S  H  R  P  N  B  Q  E
T  G  E  E  R  I  A  S  R  E  V  I  N  N  A
P  E  H  F  B  T  I  O  L  P  X  E  Q  A  N
Q  R  J  K  C  R  U  B  O  X  E  O  S  M  J
P  P  A  P  I  E  R  A  T  C  E  N  Z  P  B
O  B  J  E  C  T  I  F  A  D  U  L  T  E  W
```

FOIS   ROUE
COCKTAIL   PROPRIÉTAIRE
RAISIN   NET
DONT   FILLE
ANCIENS   ADULTE
BOIS   SAGE
BOXE   OBJECTIF
EXPLOIT   NECTAR
ANNIVERSAIRE   FERA
TUBE   PAPIER

Puzzle 96

```
S D E N T I F R I C E H C I R
H M A L A D I E C V B U R O Q
A P Ê C H E U R T U T I R O D
M V G M S U B I I N F D V Z E
P V J W G R A S A H U I L E R
O R S C A E Y P Z T A P W T N
O O T O P H I I N G E D È Ê Z
I D Q G O C O L P N R H J R E
N X A L I V H C Q B I R Z R E
G E T T E L E U Q S O D M A G
D W R E T N A H C H P T W G R
N A C O M B I N E R P R O I A
P E L L E M Ê M E Y R K T Q L
T D C F A N T Ô M E C O T P U
```

ELLE-MÊME	SHAMPOOING
POIREAU	CHER
BUIS	FANTÔME
ARRÊTEZ	SQUELETTE
HUILE	RICHE
PÈRE	LARGE
PÊCHEUR	CHANTER
COMBINER	CLIPS
DENTIFRICE	PARTICIPANT
DOS	MALADIE

Puzzle 97

```
J E F A I Q L E T Ô H J O M E
P Y K C C R M O N A E Y D U F
R A N L Q O M O G U B U E É F
S F I E É B A R A C S H V H O
A A O R E C N A S S I O R C N
N U T R E L C A E L E B A É D
Q P D G E L O F T I Q S I S R
D Z E I K Y T W N B F B T E E
J I G V T T O O A E U R M R M
P O N E Y I N U L L K O M U E
S F I E V B O D P L Y T P E N
E T S S A X F N A U V K G H T
A R T I C L E S K L D Y N D X
C O U L O I R R T E L U A P É
```

PLANTES   AUDITION
HÔTEL   HEURES
LIBELLULE   TOMBER
COTON   RUE
PONEY   ÉPAULE
COULOIR   DEVRAIT
ARTICLES   SINGE
SCARABÉE   EFFONDREMENT
CROISSANCE   SÉCHÉ
GEL   PAIRE

Puzzle 98

```
H  U  Z  M  J  B  K  P  L  I  Z  R  T  C  A
X  A  R  H  O  P  R  O  U  V  E  R  O  E  D
B  C  B  G  Q  N  I  T  A  M  É  E  R  N  M
E  A  Q  I  E  H  S  E  W  S  T  N  R  D  I
L  H  R  F  T  N  V  I  C  Z  N  N  V  O  N
L  I  O  T  N  U  C  X  E  K  O  U  D  R  I
E  E  U  A  I  P  E  E  Q  U  M  Y  I  M  S
B  R  X  L  E  H  S  L  I  F  R  É  P  I  T
J  I  G  U  R  G  R  P  L  E  S  R  L  E  R
J  T  E  R  T  U  E  F  X  E  S  L  Ô  W  A
G  R  J  F  É  T  I  J  D  D  M  A  M  F  T
A  T  H  L  É  T  I  S  M  E  N  E  É  N  I
L  É  G  U  M  E  E  N  T  R  É  E  N  N  O
L  Z  P  S  W  W  M  K  K  X  Y  D  N  T  N
```

ENDORMIE
CAHIER
FEUTRE
MONSIEUR
DIPLÔMÉ
URGENCE
PROUVER
ATHLÉTISME
ELLE
LÉGUME

ENTRÉE
SEC
SEL
ADMINISTRATION
HABITUELLEMENT
MATIN
ENNUYÉ
FILS
MONTÉE
ÉTREINT

Puzzle 99

```
L A N P J O M S L O P L I S O
V X U R V S O O Z Y U N N E G
S V A X E H G C D B N G T M O
Z I U O R Y V I O X O X E B U
T È M F B G Z É L Y I U R L V
A S B P E Q D T X H T A D E E
B Y C R L N B É J O A F I R R
O S D U E E R B M I T U R E N
U T M Œ D S M F Q V S J E Y E
R È C S O U B E E T E J I O M
E M N C I A T X N Q R U R L E
T E X R R C P R U T R F É U N
D J X S É U U F T M A D S Z T
C T E S P C H A M P I G N O N
```

TABOURET
TIMBRE
ZÈBRE
SYSTÈME
SEMBLER
LOYER
SÉRIE
PÉRIODE
SŒUR
SOCIÉTÉ

VERBE
GOUVERNEMENT
CHAMPIGNON
SIMPLEMENT
INTERDIRE
ZOO
FAUX
LYNX
CAUSE
ARRESTATION

Puzzle 100

```
S A V O N N E U X E D C Z F T
É D E N R E D O M X E I M H N
N S E T T E S S U A H C W J E
E P B C U M F O Y L M J F F M
R R U E T A N I D R O A E I I
G O P O U R R I T U R E N N A
É D Y B A L E I N E Z M È R R
T U F O R C E C K I T C R O V
I C Z L H E W O V A Z B A G E
Q T M I L L E P A T T E S G N
U I G L O S S A I R E E B B D
E O C O M P L È T E M E N T E
V N O I T A T R O P X E A B U
L U D I Q U E R E L F I N E R
```

ARÈNE
ÉNERGÉTIQUE
ORDINATEUR
CHAUSSETTE
FIN
MILLE-PATTES
FORCE
PRODUCTION
SAVONNEUX
COMPLÈTEMENT

MODERNE
MAMAN
LUDIQUE
VRAIMENT
BALEINE
VENDEUR
EXPORTATION
GLOSSAIRE
POURRITURE
RENIFLER

Puzzle 1

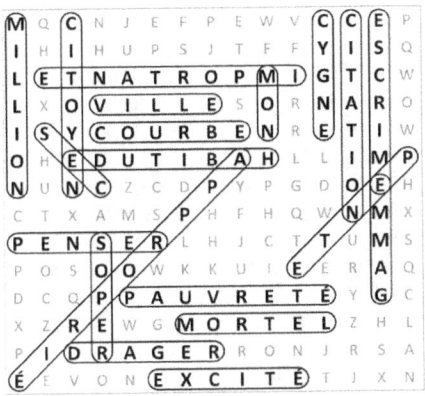

Puzzle 2

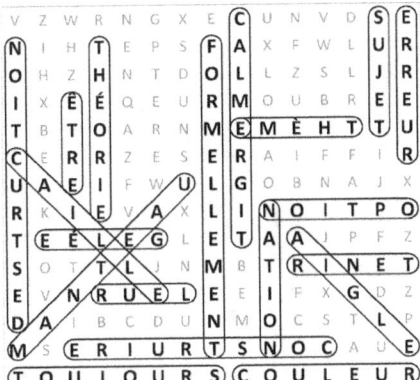

Puzzle 3

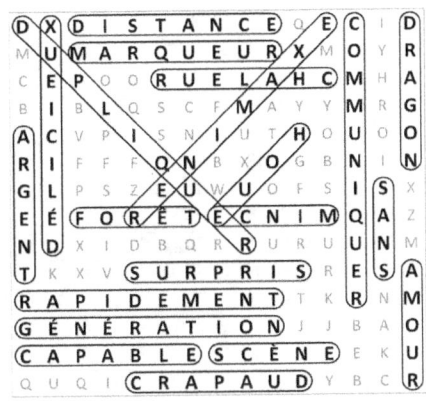

Puzzle 4

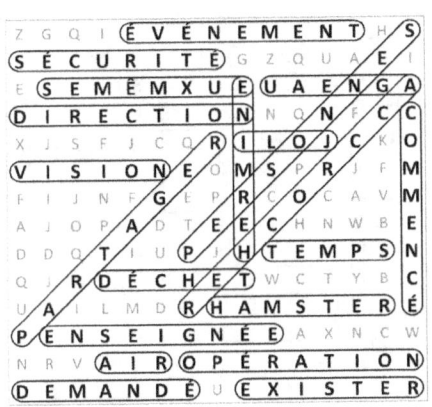

Puzzle 5

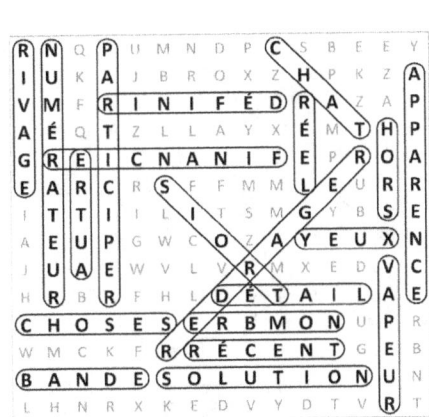

Puzzle 6

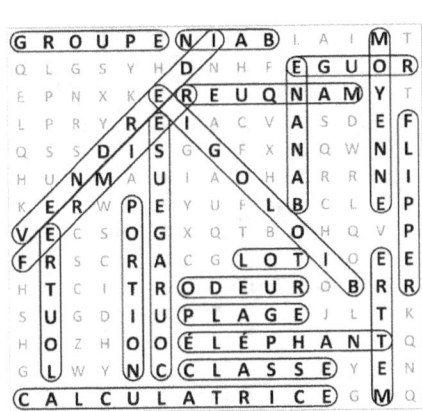

Puzzle 7

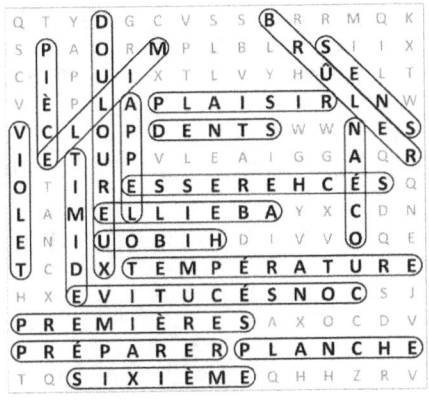

Puzzle 8

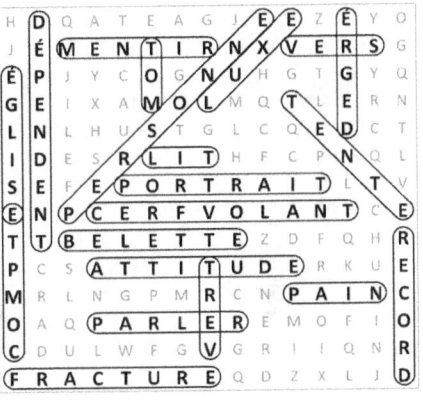

Puzzle 9

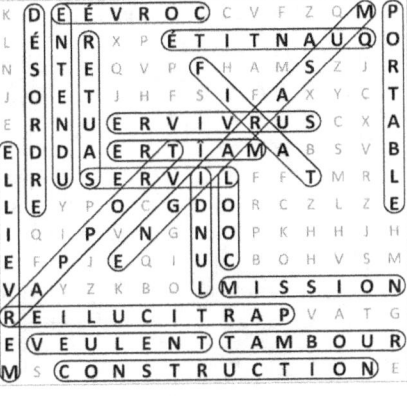

Puzzle 10

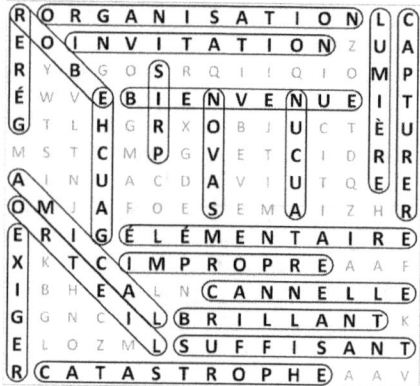

Puzzle 11

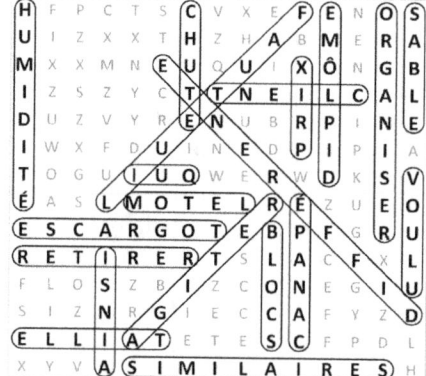

Puzzle 12

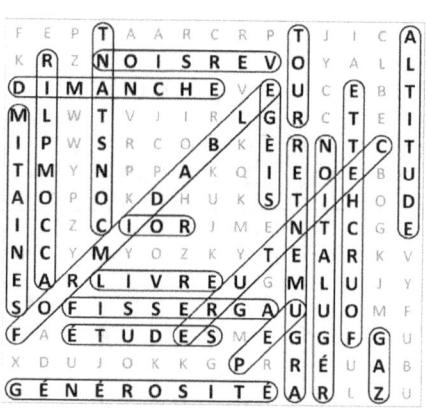

Puzzle 13

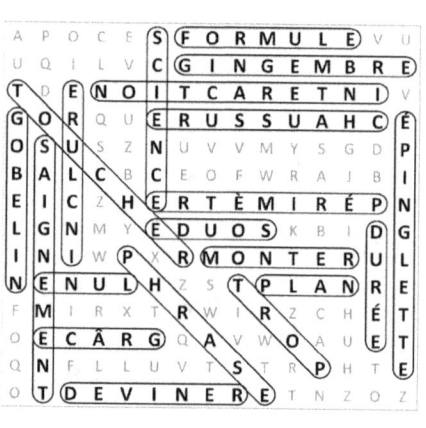

Puzzle 14

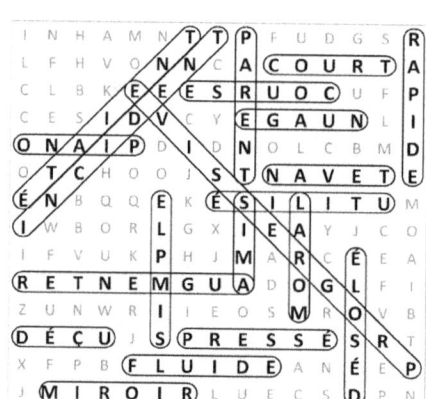

Puzzle 15

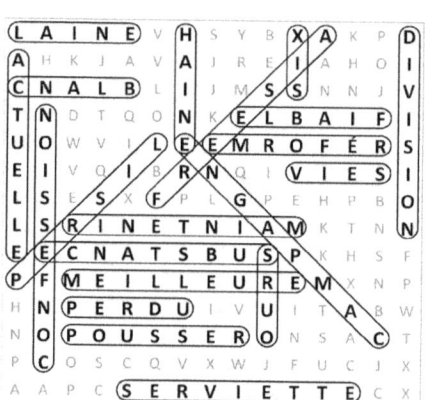

Puzzle 16

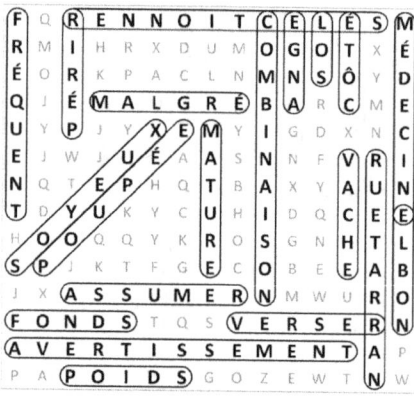

Puzzle 17

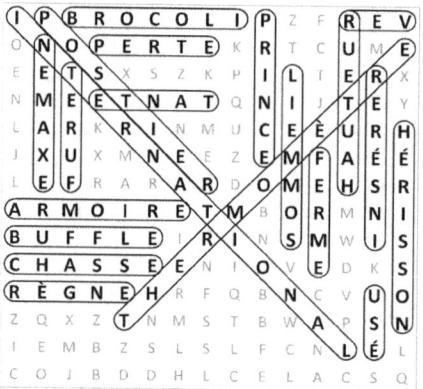

Puzzle 18

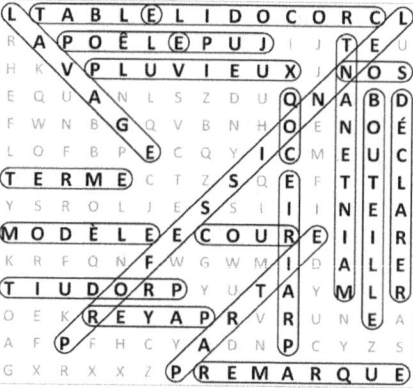

Puzzle 19

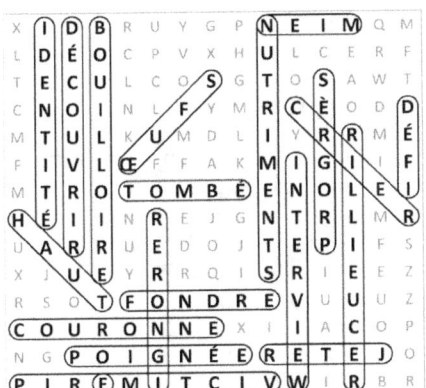

Puzzle 20

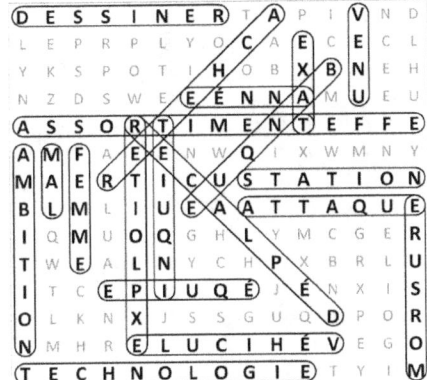

Puzzle 21

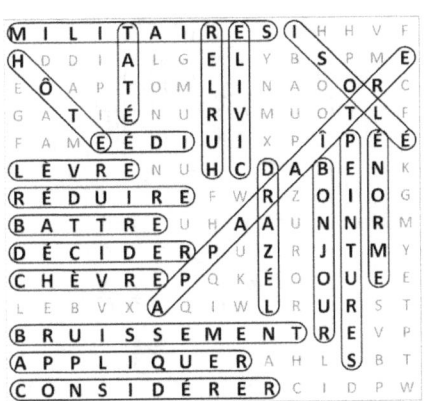

Puzzle 22

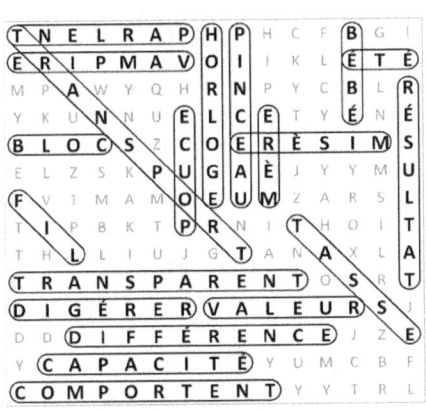

Puzzle 23

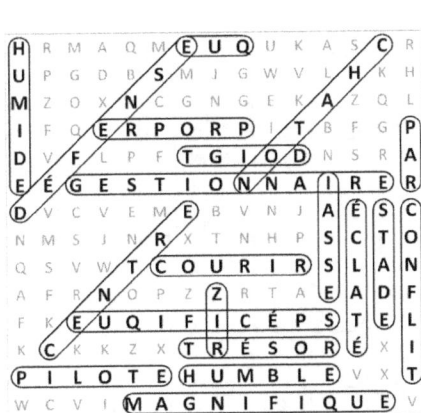

Puzzle 24

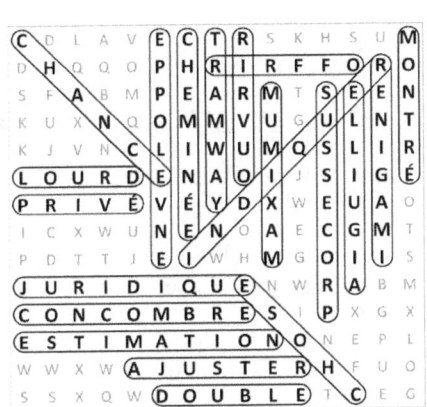

Puzzle 25

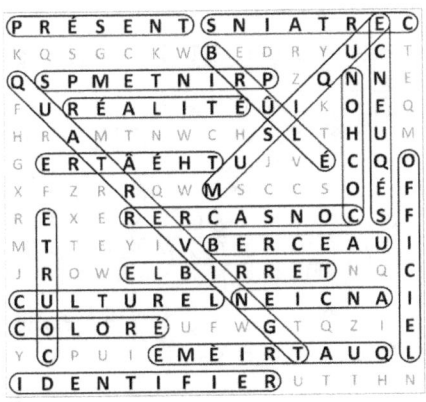

Puzzle 26

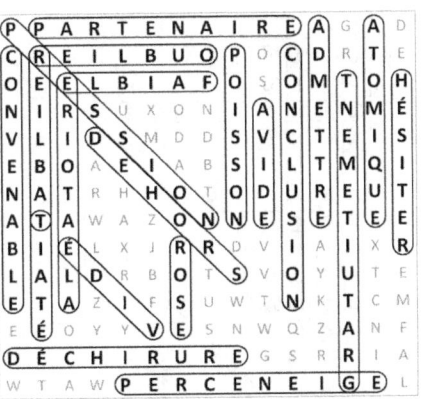

Puzzle 27

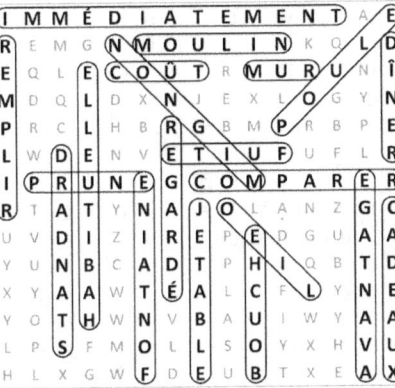

Puzzle 28

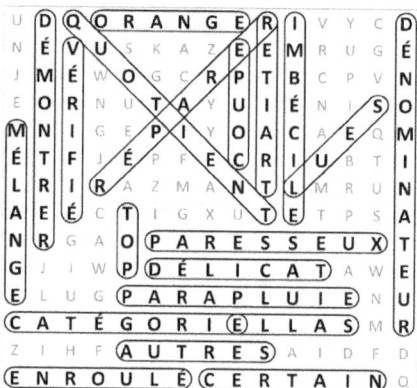

Puzzle 29

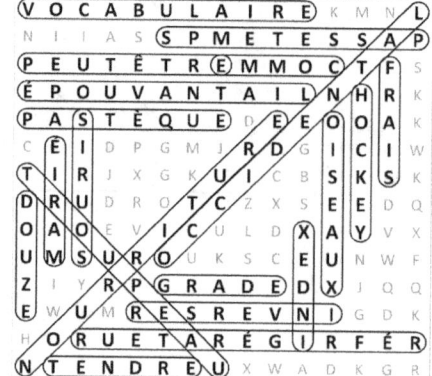

Puzzle 30

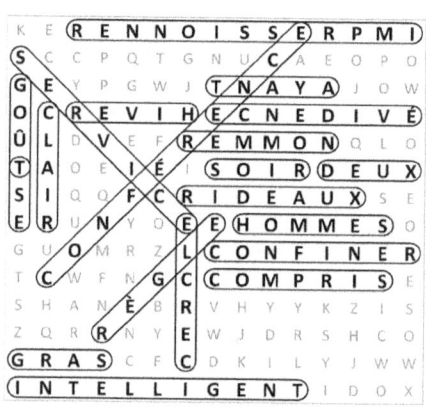

Puzzle 31

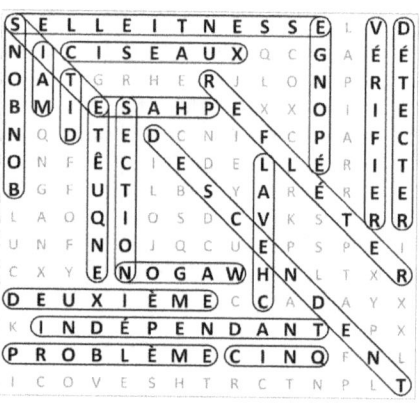

Puzzle 32

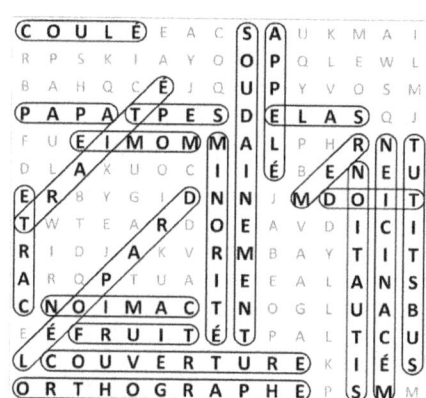

Puzzle 33

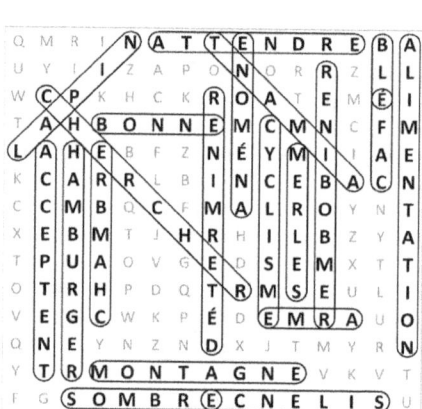

Puzzle 34

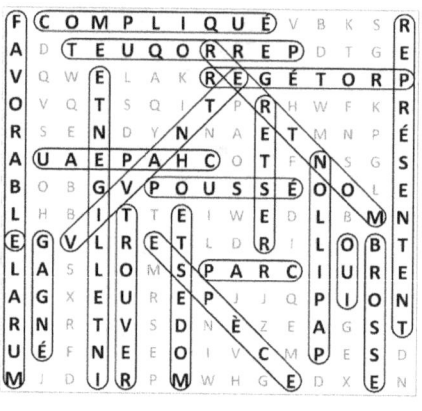

Puzzle 35

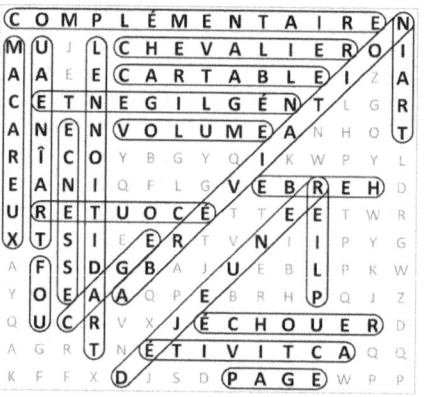

Puzzle 36

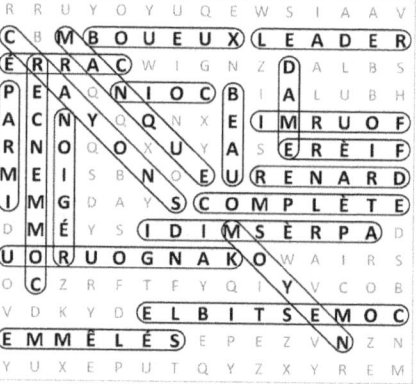

Puzzle 37

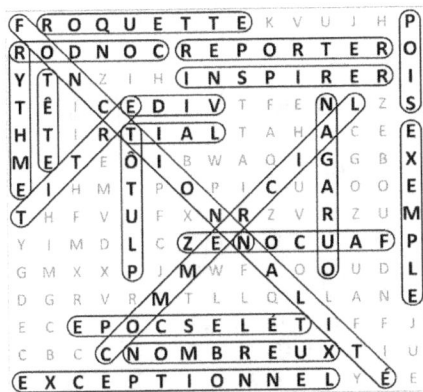

Puzzle 38

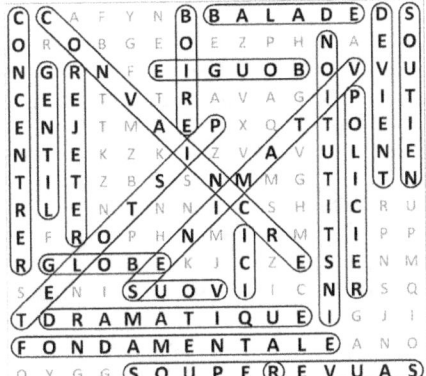

Puzzle 39

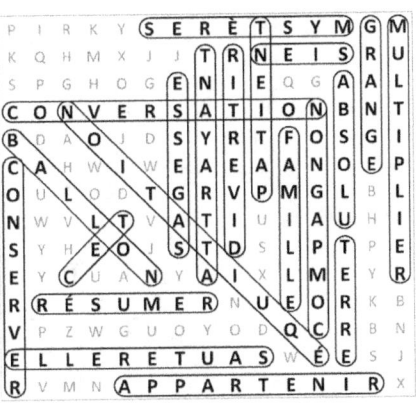

Puzzle 40

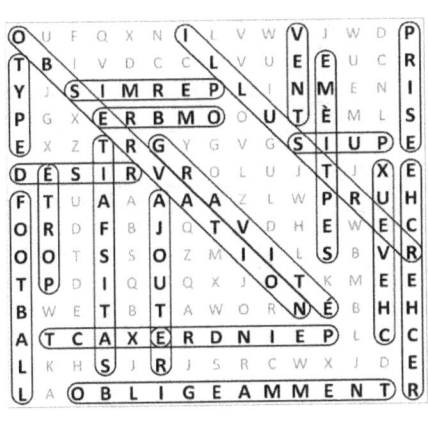

Puzzle 41

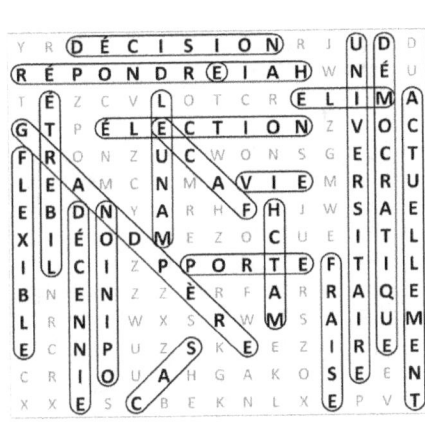

Puzzle 42

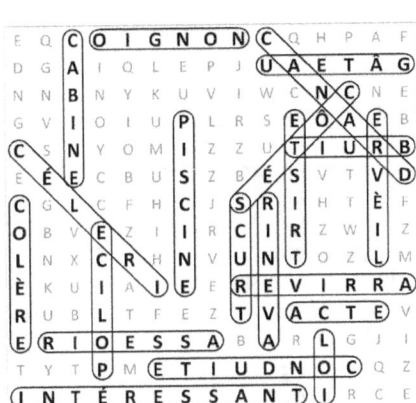

Puzzle 43

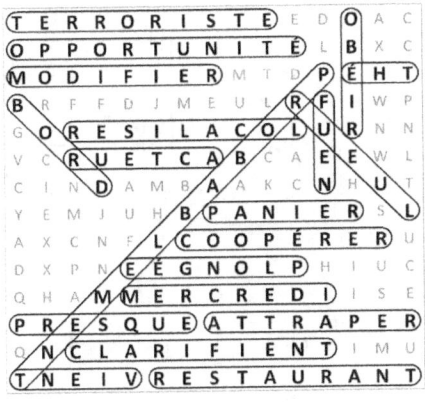

Puzzle 44

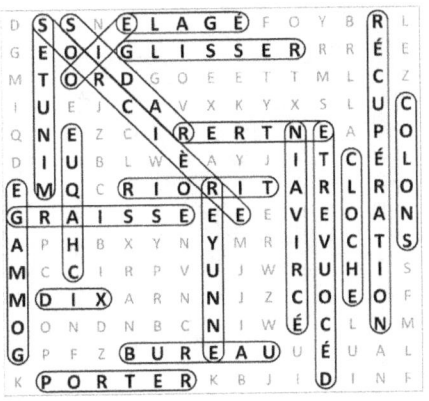

Puzzle 45

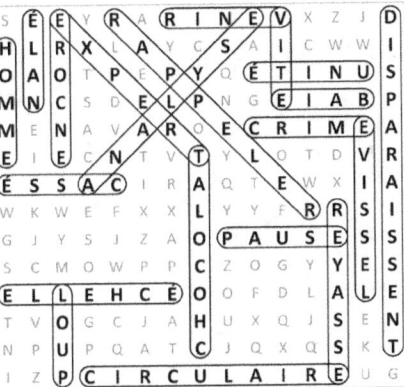

Puzzle 46

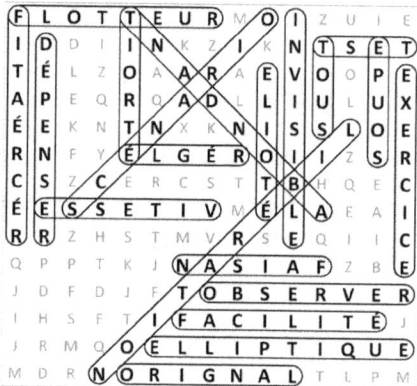

Puzzle 47

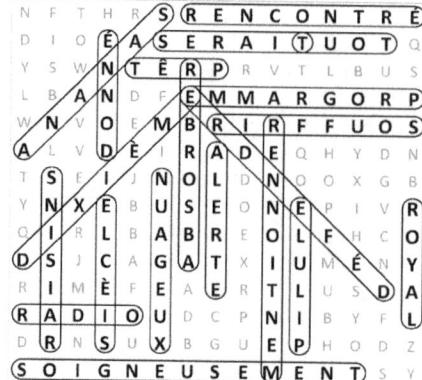

Puzzle 48

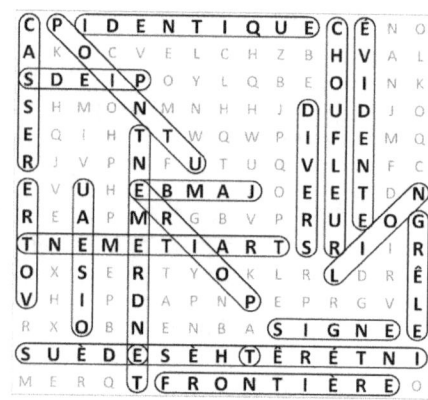

Puzzle 49

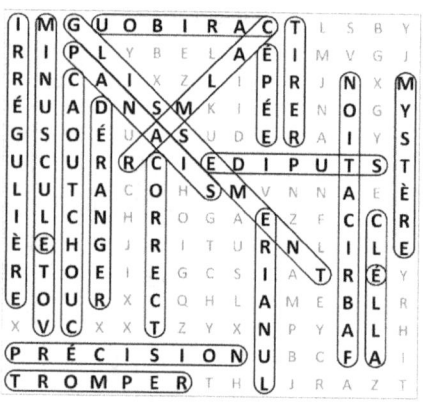

Puzzle 50

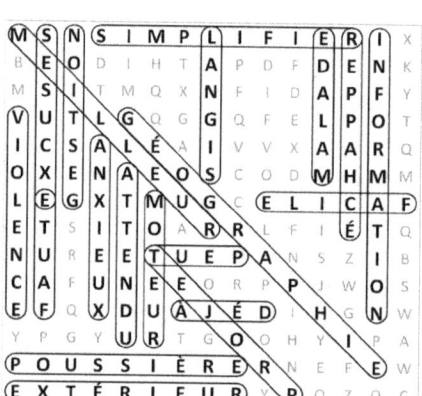

Puzzle 51

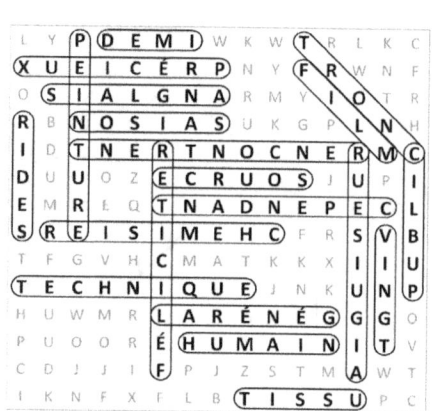

Puzzle 52

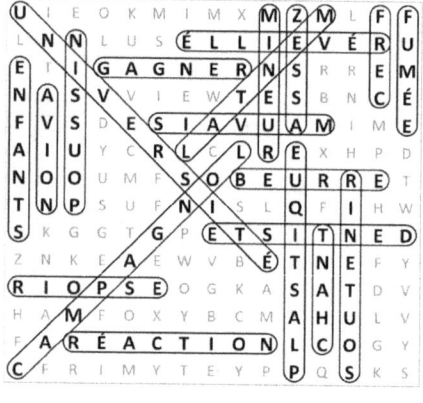

Puzzle 53

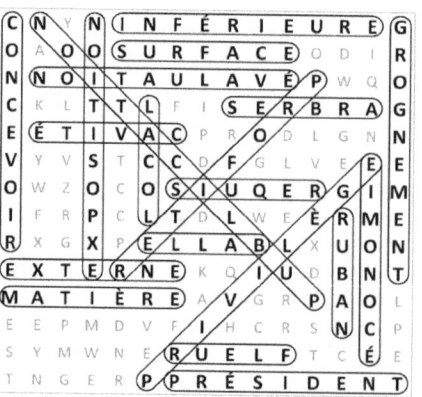

Puzzle 54

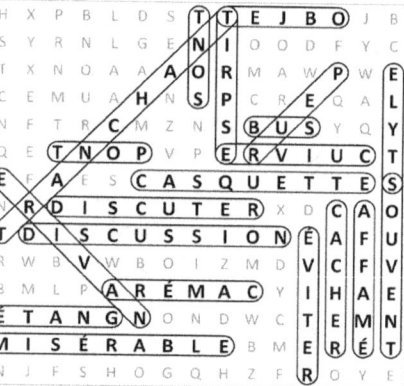

Puzzle 55

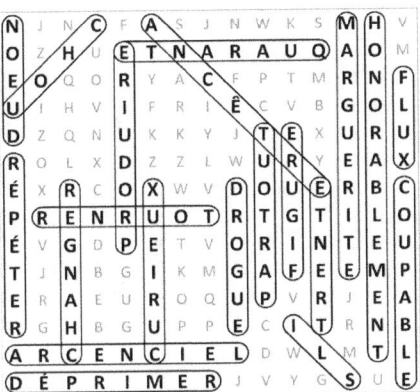

Puzzle 56

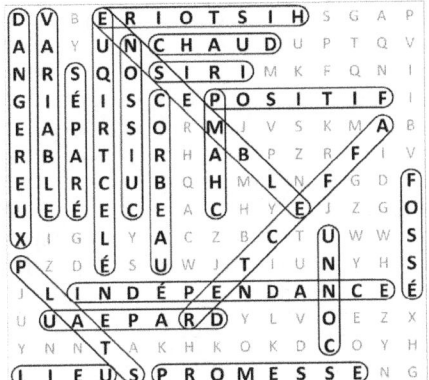

Puzzle 57

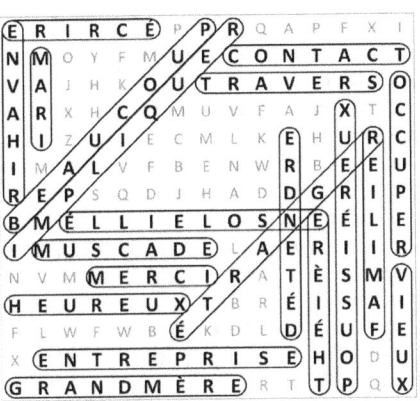

Puzzle 58

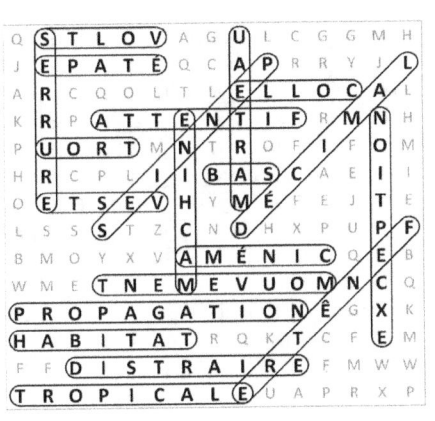

Puzzle 59

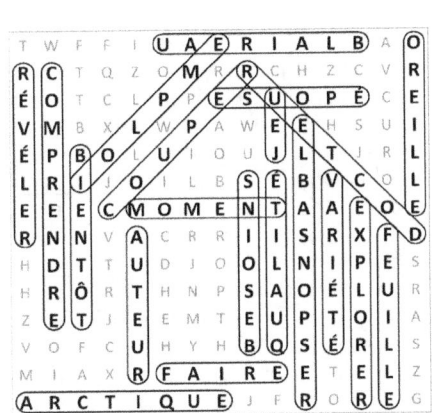

Puzzle 60

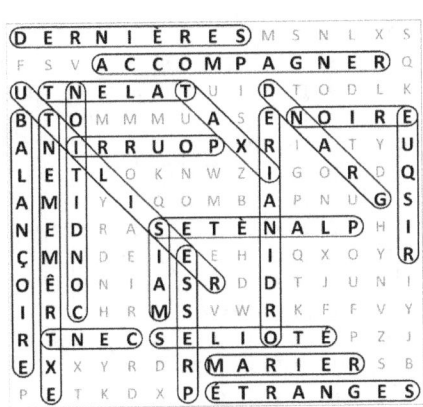

Puzzle 61

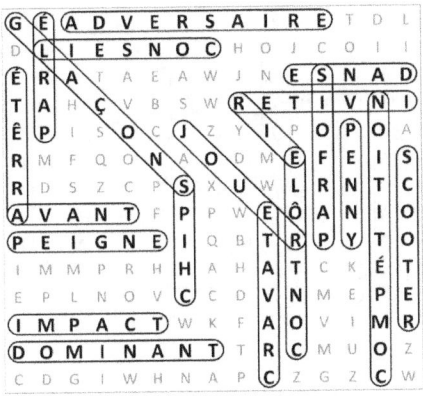

Puzzle 62

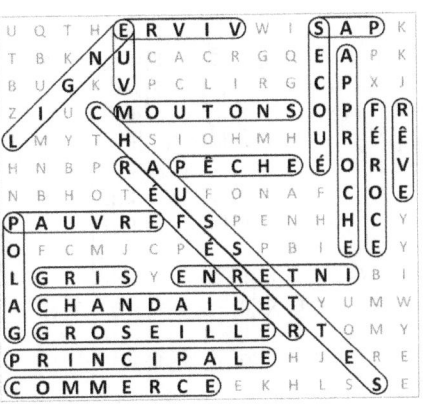

Puzzle 63

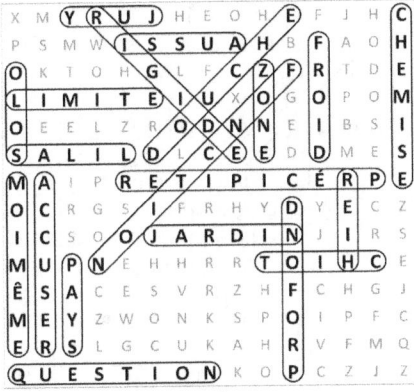

Puzzle 64

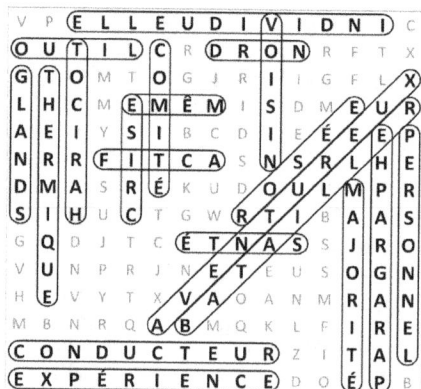

Puzzle 65

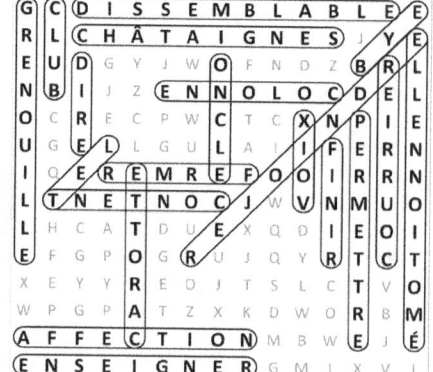

Puzzle 66

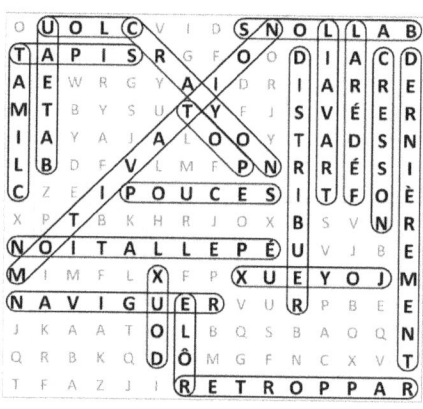

Puzzle 67

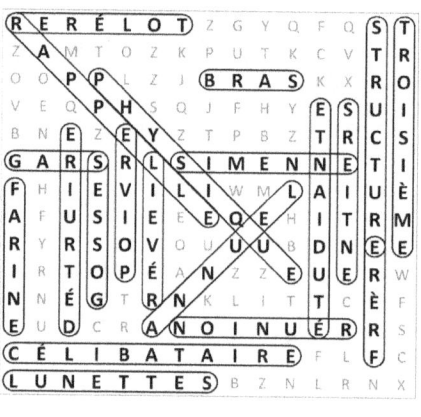

Puzzle 68

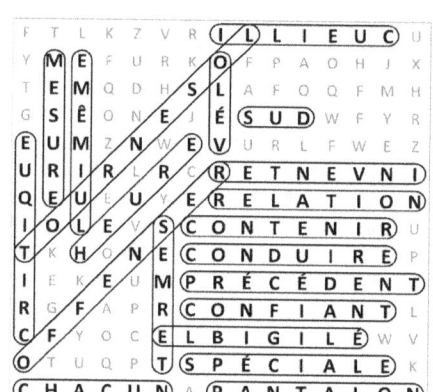

Puzzle 69

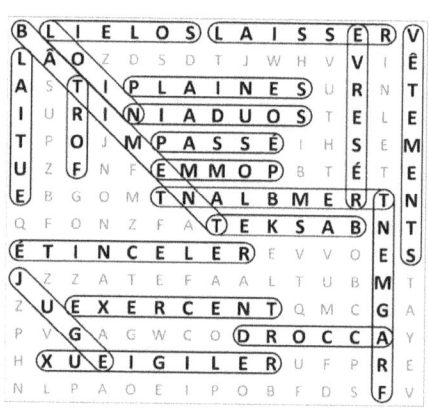

Puzzle 70

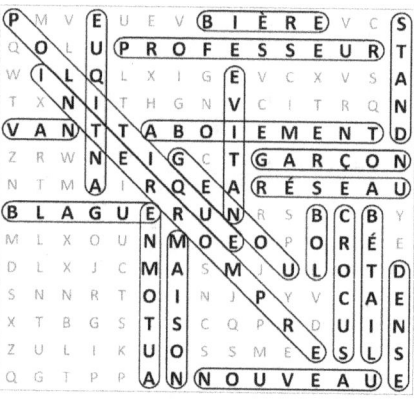

Puzzle 71

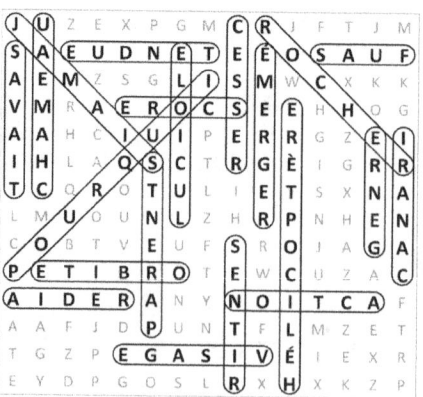

Puzzle 72

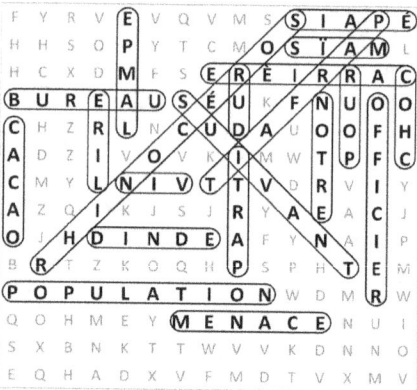

Puzzle 73

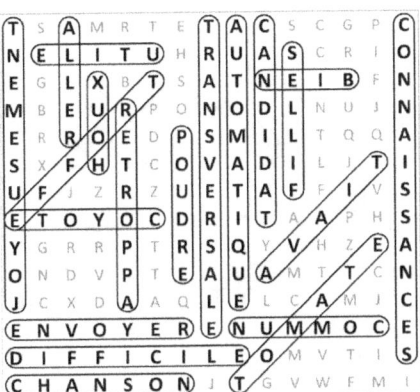

Puzzle 74

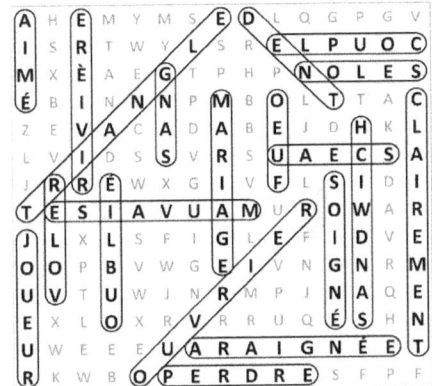

Puzzle 75

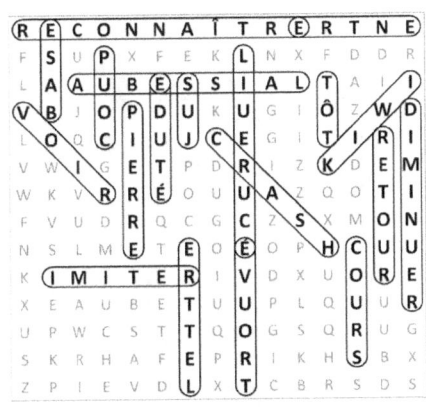

Puzzle 76

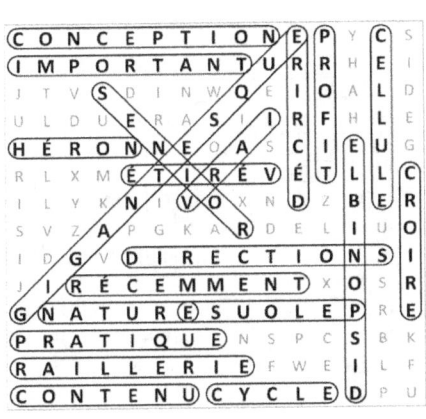

Puzzle 77

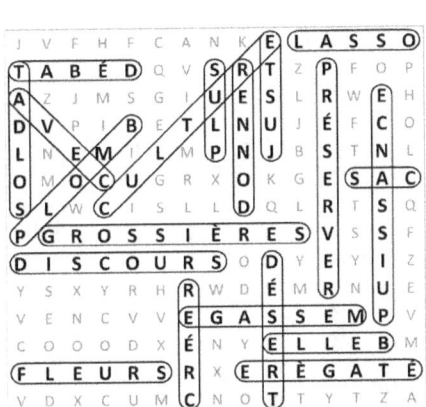

Puzzle 78

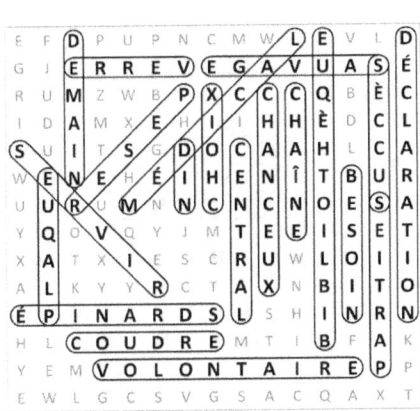

Puzzle 79

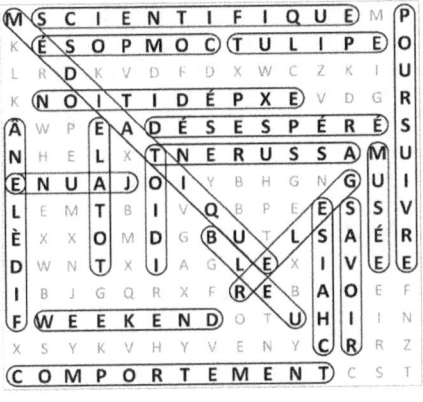

Puzzle 80

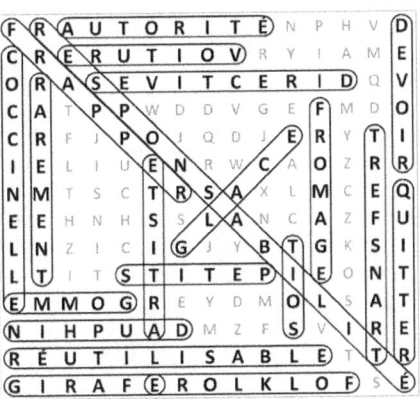

Puzzle 81

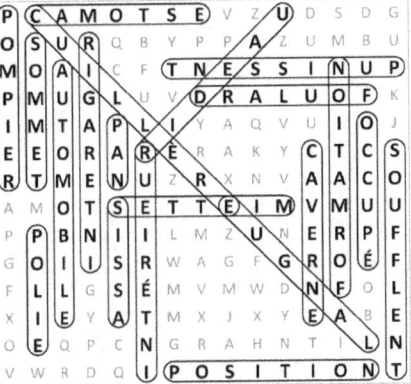

Puzzle 82

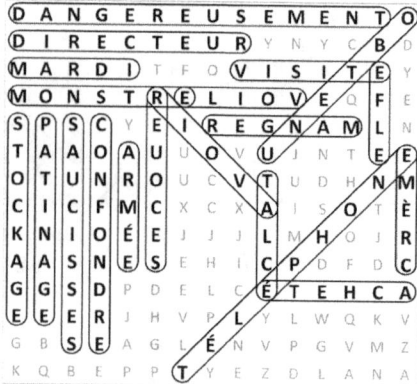

Puzzle 83

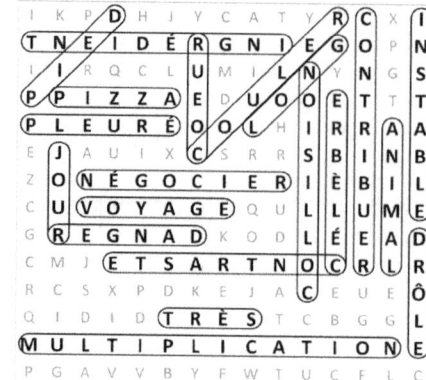

Puzzle 84

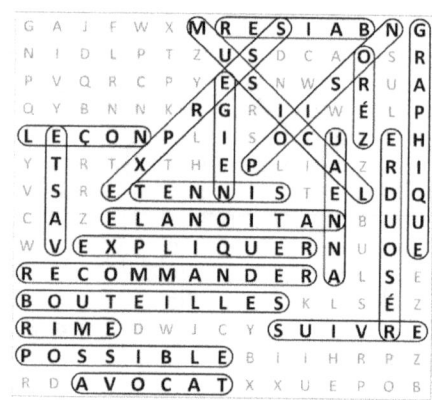

Puzzle 85

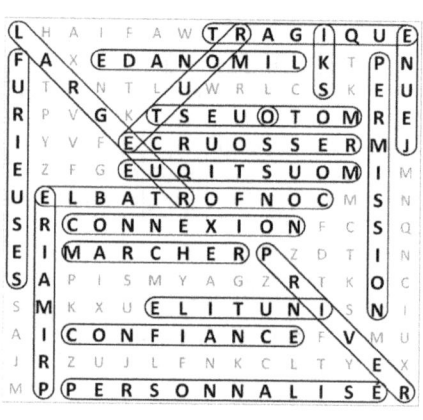

Puzzle 86

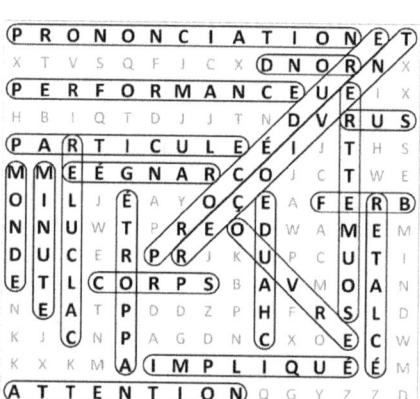

Puzzle 87

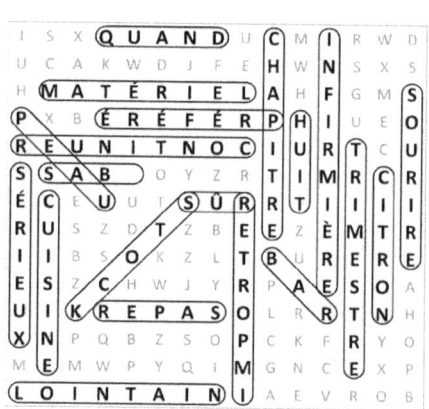

Puzzle 88

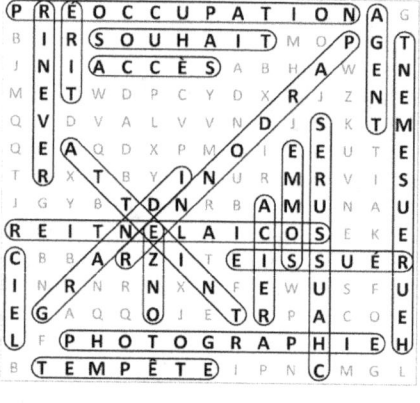

Puzzle 89

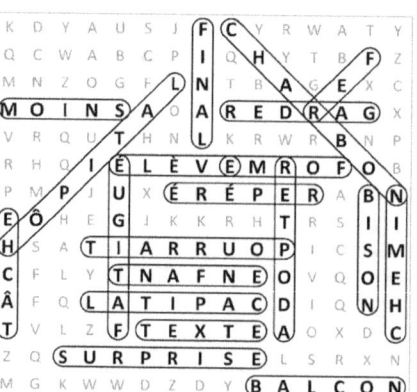

Puzzle 90

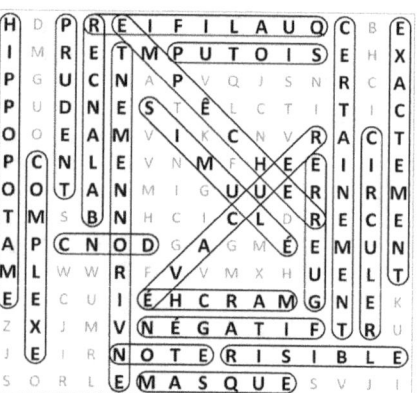

Puzzle 91

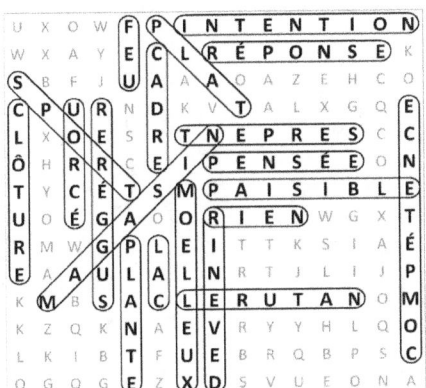

Puzzle 92

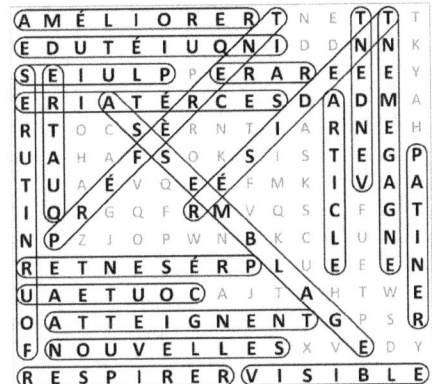

Puzzle 93

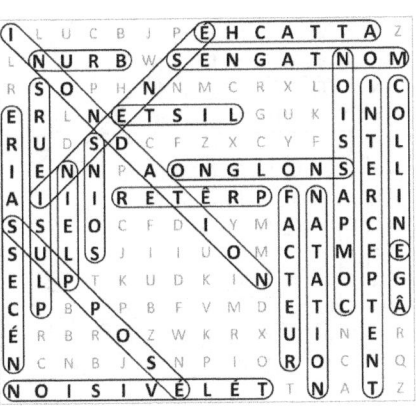

Puzzle 94

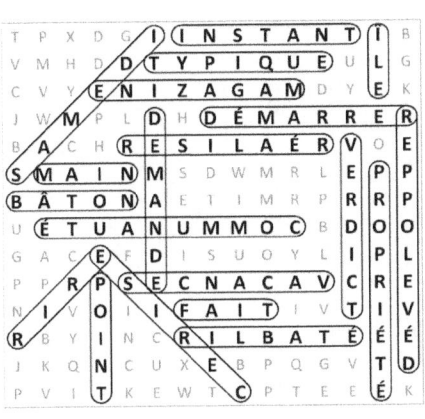

Puzzle 95

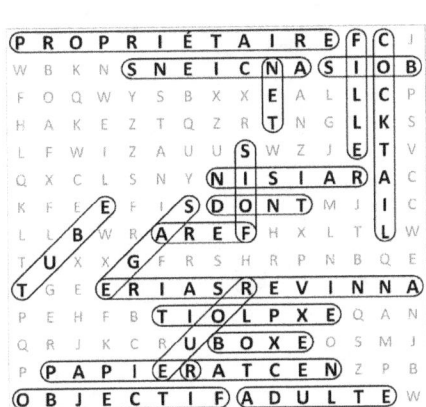

Puzzle 96

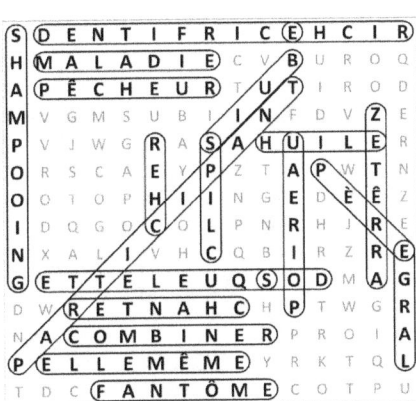

Puzzle 97

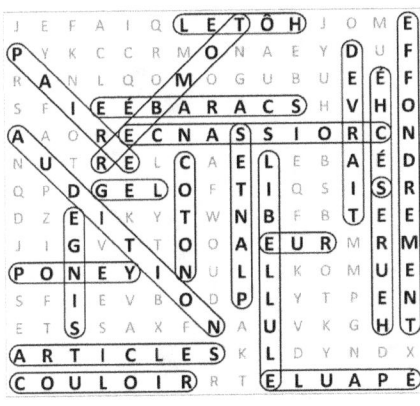

Puzzle 98

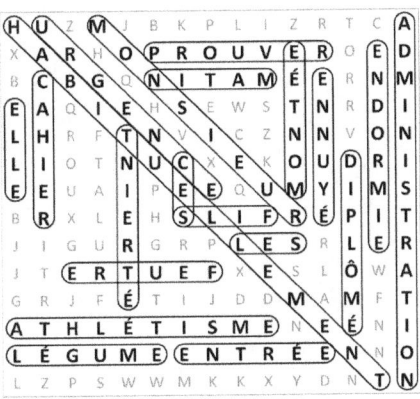

Puzzle 99

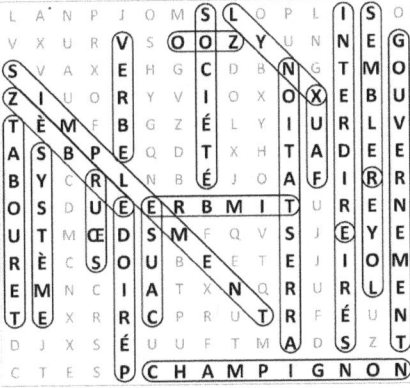

Puzzle 100

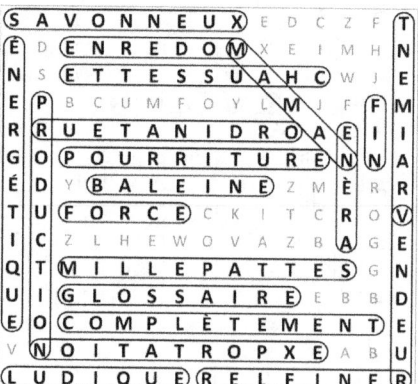

Congratulations

You made it!

We hope you enjoyed this book as much as we enjoyed making it. We do our best to make high quality games.

These puzzles are designed in a clever way to actively spark the brain and make it sharp and quick!
Did you love them?

A Simple Request

Our books exist thanks to the reviews you post on Amazon. Could you help us by leaving a review now?

Here is a short link which will take you to your Amazon orders review page.

BestBooksActivity.com/Review50

MONSTER CHALLENGE!

Challenge #1

Ready for Your Bonus Game? We use them all the time but they are not so easy to find. Here are **Synonyms**!

Note 5 words you discovered in each of the Puzzles noted below (#21, #36, #76) and try to find 2 synonyms for each word.

Note 5 Words from *Puzzle 21*

Words	Synonym 1	Synonym 2

Note 5 Words from *Puzzle 36*

Words	Synonym 1	Synonym 2

Note 5 Words from *Puzzle 76*

Words	Synonym 1	Synonym 2

Challenge #2

Now that you are warmed-up, note 5 words you discovered in each Puzzle noted below (#9, #17, #25) and try to find 2 antonyms for each word.
How many lines can you do in 20 minutes?

Note 5 Words from *Puzzle 9*

Words	Antonym 1	Antonym 2

Note 5 Words from *Puzzle 17*

Words	Antonym 1	Antonym 2

Note 5 Words from *Puzzle 25*

Words	Antonym 1	Antonym 2

Challenge #3

Wonderful, this monster challenge is nothing to you!

Ready for the last one? Choose your 10 favorite words discovered in any of the Puzzles and note them below.

1.	6.
2.	7.
3.	8.
4.	9.
5.	10.

Now, using these words and within a maximum of six sentences, your challenge is to compose a text about a person, animal or place that you love!

Tip: You can use the last blank page of this book as a draft!

Your Writing:

Explore a Unique Store
Set Up **FOR YOU!**

MEGA DEALS

BestActivityBooks.com/**TheStore**

Designed for **Entertainment**!

Light Up Your Brain With Unique **Gift Ideas**.

Access **Surprising** And **Essential Supplies**!

CHECK OUT OUR MONTHLY SELECTION NOW!

- Expertly Crafted Products -

NOTEBOOK:

SEE YOU SOON!

Delta Classics Team

BESTACTIVITYBOOKS.COM/FREEGAMES